시선을
사로잡는
매력적인
영상 만들기

강수석 지음

**시선을 사로잡는
매력적인 영상 만들기**

1판 2쇄 펴냄   2023년 9월 25일

지 은 이   강수석
발 행 인   정현순
발 행 처   ㈜북핀
출판등록   제2021-000086호(2021.11.9)
주   소   경기도 부천시 조마루로385번길 92
연 락 처   TEL: 032-240-6110 / FAX : 02-6969-9737

디 자 인   이용희
삽   화   곽신정

ISBN   979-11-91443-11-0 03680
값   22,000원

시선을
사로잡는
매력적인
영상 만들기

강수석 지음

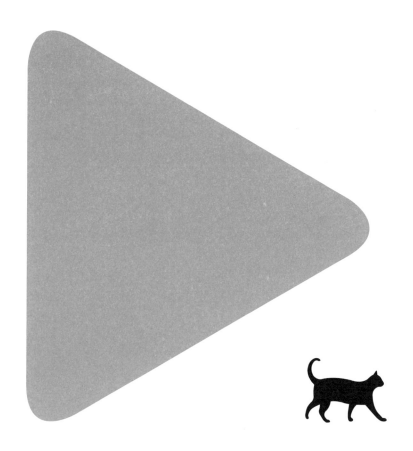

북딘

차 례

03

장면 설계 :
어떻게 촬영할 것인가?

02

프레임 구성 :
어떻게 보여줄 것인가?

06

좋은 영상 제작자가
되기 위하여

프롤로그

나는 TV 시청을 좋아한다. 아니 사랑한다고 하는 것이 더 어울리는 표현일 것 같다. 누구의 방해도 받지 않고 내가 원하는 프로그램을 시청하는 것은 항상 나에게 즐거움을 준다. 이렇게 TV를 사랑하게 된 것이 언제부터인지를 떠올려보면 아마도 유년 시절부터였던 거 같다. 어릴 적 나의 기억 속에는 아버지가 TV를 독차지하고 내가 원하는 프로그램을 보는 것은 엄격했던 시절이었다. 그런데 일요일 아침마다 방영했던 애니메이션은 아직도 나의 기억 속에 자리 잡고 있다. 거기에 푹 빠져 있으면 "아주, TV 속으로 들어가라. 들어가!"라는 어머니의 말과 함께 등짝을 맞았던 기억이 선명하게 남아 있다. 그때의 나는 완전한 몰입 상태, 재미에 빠져서 주변 상황이 아무것도 들리지도 보이지도 않는 일종의 진공 상태였지 않았을까? 그 시절에 보았던 애니메이션에도 이야기가 있고 나의 감정을 자극하는 요소가 있었다. 시대가 바뀌어도 재미있는 영상은 기억에 남는다.

지금의 시대는 어떠한가? 누구나 영상에 쉽게 접근할 수 있고 보고 싶은 것만 골라 볼 수 있는 재미있는 영상이 넘쳐나는 시대에 살고 있다. 최근 기술의 발달이 영상의 접근성을 극적으로 변화시킨 것은 부인할 수 없는 사실이다. 영상의 생산자와 소비자의 경계가 허물어지고 있다. 항상 소비자였던 당신이 마음만 먹으면 영상의 생산자가 될 수도 있고 공유자가 될 수도 있다. 영상의 생산자와 소비자, 공유자의 경계가 불분명한 새로운 형태의 영상 제작 시장이 열렸다고 할 수 있다.

만약 당신이 영상의 생산자가 되고 싶다면 무엇을 해야 하는가? 그리고 경쟁 속에서 어떻게 살아남을 것인가? 최근의 영상 제작 환경은 영상의 질적 우수성보다는 양적 팽창만 이뤄지고 있는 것도 사실이다. 역설적으로 재미있는 영상이 넘쳐나지만, 관객의 호응을 얻지 못해 버려지는 영상도 넘쳐나는 시대에 살고 있다. 예컨대 유튜브로 대변되는 영상 플랫폼에는 하루에도 수백만 건의 영상이 업로드되지만, 대부분은 호응을 얻지 못하고 사람들의 기억 속에서 사라진다.

왜 내 영상은 버려지는가? 그리고 버려지지 않으려면 무엇을 해야 하는가? 이 두 가지 질문이 내가 이 책을 쓴 목적이다. 지금부터 당신의 영상이 버려지는 이유를 생각해보자.

왜 내 영상은 버려지는가?

우선 당신이 영상을 만드는 목적이 무엇인가를 살펴보자. 영상으로 기록을 하고 싶은가? 아니면 콘텐츠를 만들고 싶은가? 영상으로 현상을 기록하는 것은 스마트폰을 들고 있는 당신이 매일 하고 있다. 세상의 모든 기록은 기억을 목적으로 한다. 마찬가지로 영상에서 기록은 당신의 생각이나 계획이 들어가 있지 않은 단편적이고 직관적인 형태로 나타난다.

당신은 어릴 적 앨범을 얼마나 자주 보는가? 앨범의 기본 목적은 기억의 보관이다. 당신이 다른 사람과 함께 당신의 어릴 적 앨범을 보는 상황을 생각해보자. "우와, 이 사진은 되게 멋있네요?"라고 그 사람이 반응한다면, 당신은 그 사진에 대한 기억을 떠올리며 사진을 찍게 된 배경을 설명할 것이고 그날에 있었던 재미있는 이야기를 쏟아낼 것이다. 결과적으로 그 사람은 사진 자체보다는 당신이 설명하는 이야기에 몰입하고 재미를 느낄 것이다. 당신의 어릴 적 사진은 특별한 날을 기억하기 위한 도구로 쓰일 뿐 직접 이야기를 표현하지는 못한다. 하지만 영상은 당신의 이야기를 표현할 수 있는 특별한 매체이다. 영상 제작을 앨범 속 사진과 같은 찰나의 기록으로 생각하지 마라. 더는 기억할 이유가 없는 기록은 반드시 사라진다. 또한, 그 속에 담겨 있는 이야기도 사라진다.

버려지지 않으려면 무엇을 해야 하는가?

지금 옆에서 누군가 영상을 보고 있다면 다음과 같은 질문을 해보라.

"당신은 이 영상을 왜 보십니까?"

아마도 답변하는 사람의 말 중에 '재미'라는 단어는 꼭 들어갈 것이다. 지금 거실에서 유튜브를 시청하고 있는 나의 아들에게 "그 영상을 왜 봐?"라고 물어보면, 아들은 "재미있으니까요."라고 대답한다. 맞는 말이다. 초등학생 아들이 할 수 있는 최선의 대답이다.

그렇다면 재미를 느끼는 기준은 무엇인가? 저마다의 기준은 다를 수 있지만 한 가지는 분명하다. 거기에는 당신이 좋아하는 이야기가 있다는 것이다. 그리고 그 이야기 속에는 웃음, 슬픔, 분노와 같은 온갖 감정을 지속해서 자극하는 요소가 있다. 만약 관객이 영상에서 감정을 못 느낀다면 '재미없다'고 생각하고 채널을 돌리거나 영상을 꺼버린다. 그러므로 버려지지 않는 영상을 만들기 위해 당신이 반드시 염두하고 최우선으로 삼을 목표는 관객이 반응하고 감정을 끌어낼 수 있는 영상을 만드는 것이다. 이를 위해서는 영상 제작에 대한 생각과 행동에 많은 변화가 필요하며 다음의 조건을 늘 기억해야 한다.

1. 영상 제작자는 관객의 관점에서 생각해야 한다.
2. 영상 제작자는 남들이 보지 못하는 시각을 가져야 한다.
3. 영상 제작자는 계획적인 사고를 해야 한다.
4. 영상 제작자는 영상을 표현의 도구로 생각해야 한다.

위의 네 가지 조건을 분리해서 생각하지 마라. 조건들은 서로 긴밀하게 연결되어 있어서, 1번이 변화하면 2, 3, 4번이 차례대로 바뀔 수밖에 없다. 영상에서 관객은 절대적인 존재이다. 영상 제작은 관객을 중심으로 생각하고 계획해야 한다. 관객의 감정을 끌어들일 만한 요소를 찾는 것은 남들과 똑같은 시각으로는 불가능하다. 그것은 계획적인 사고, 즉 당신의 의도로 발전한다. 그리고 의도가 정립되면 당신 또한, 영상을 표현하는 자세가 달라질 수밖에 없다. 그렇지 않으면 당신의 이야기를 영상으로 녹여내지 못하기 때문이다.

영상을 만드는 데는 모두 이유가 있다. 그런데 그럴싸한 이유가 있다고 해서 모두 성공하지는 않는다. 영상을 세상에 내놓는 것은 일종의 모험이다. 재미없는 영상을 만들어 놓고 봐주기를 바라는 것은 관객에 대한 예의가 아니다. 관객은 항상 냉정하다. 그들은 화면으로만 평가하고 결과만을 기억한다. 그들에게 영상 제작의 과정은 중요하지 않다. 당신이 영상을 세상에 내놓는 순간 냉혹한 평가가 기다리고 있다. 그리고 영상은 좋은 이야기와 함께할 때 빛을 발휘한다는 것을 명심하라. 그러면 관객은 당신과 감정을 공유하고 반응할 것이다. 그렇지 않으면 영상은 기록에 불과하다.

이 책은 무엇을 말하는가?

앞으로 이 책에서 가장 많이 등장할 단어는 영상, 이야기, 의도, 소재 그리고 프레임이다. 이 다섯 단어를 연결해서 문장을 완성해 보면 이 책이 무엇을 말하고자 하는 것인지 알 수 있다.

"<u>영상</u> 제작은 좋은 <u>소재</u>를 기반으로 제작자의 <u>의도</u>를 담아 카메라

의 <u>프레임</u>으로 <u>이야기</u>를 전달하는 것이다."

　　이 책을 통해 영상 제작에서 혹시 당신이 놓치고 있는 것이 무엇인지를 확인해보라. 그리고 영상 제작의 기본 작동원리를 파악해보라.

　　이 책은 제작자의 생각과 행동의 변화에 초점을 맞춘다. 제작자의 의도가 무엇인가? 그리고 그것을 어떻게 행동으로 옮기느냐에 따라 영상의 질적 변화는 확연하게 달라진다. 깊은 고민 없이 좋은 영상은 탄생할 수 없다. 그리고 고민의 결과를 반드시 실천해야 한다. 이 책에서는 당신의 생각과 행동을 바꿀 다양한 조언을 담고 있다. 직접 실천해보면서 자신만의 이야기를 만드는 데 적용해 보라.

　　또한, 이 책은 제작 현장을 중시한다. 나의 경험을 바탕으로 영상의 제작 과정별로 현장에서 필요한 요소를 설명한다. 장황한 설명의 영상 제작 이론은 자제하고 섹션별로 현장 상황에 대처하는 방법을 시각적인 자료를 활용하여 설명한다.

　　영상은 복합적인 요소가 결합하여 탄생하는 종합예술이다. 단순히 촬영과 편집의 기능만을 습득하는 것이 좋은 영상을 담보하지 않는다. 이 책은 당신이 "영상 제작을 위해서 무엇부터 해야 하는가?"에 대한 의문을 해결하는 것에 방점이 찍혀 있다. 이 책이 당신이 좋은 영상을 만드는 데 한 걸음 더 나아갈 수 있는 길잡이가 되기를 바란다.

01 영상 기획 :
어떻게 만들 것인가?

영상에서 "의도가 뭔지 모르겠다."라는 말은 만든 이의 생각과 계획이 불분명해서 영상이 재미가 없음을 뜻한다. 훌륭한 영상은 당신의 좋은 의도 속에서 탄생한다. 그러려면 가끔 당신은 보편적인 시각에서 벗어나서 생각해야 할 때도 있고 남들과는 다른 선택이 필요할 때도 있다. 영상은 당신이 바라보는 시각으로 만들어지는 것이다. 그 시각 속에는 당신의 생각과 계획이 들어가 있어야 한다.

영상 제작을 위해 당신이 첫 번째로 할 일은
무슨 이야기를 어떻게 전달할 것인가에 대한 진지한 고민이다.

그냥 찍는 영상은
반드시 버려진다

영상 제작 과정에서 제작자의 능력이 부족하다고 생각할 때 자주 사용하는 표현이 있다. "겐토가 없다."라는 표현이다. (현장에서 아직 종종 쓰이는 일본어들이 있기에 참고삼아 적었다. '겐토けんとう'의 사전적 의미는 목표나 방향을 말한다. 일본식 표현은 지양하는 것이 좋겠다.) 즉, "영상에 목표나 방향이 없다."라는 의미로 해석할 수 있다. 또한, "감이 없다."라는 표현도 자주 사용되는데, 여기서 말하는 감(感)은 영상을 바라보는 미적 요소부터 이야기를 전달하는 요소까지 매우 폭넓은 의미가 있다. 일반적으로 '감이 없다'라는 말은 주로 영상이 밋밋하고 특별함이 없을 때 쓰는 말이다. 어쨌든 '방향도 없고, 감도 없다'는 말은 영상이 재미가 없다는 것으로 귀결된다.

지금 누군가가 내 영상을 보고 "방향도 없고, 감도 없어."라고 말하면 실망감을 넘어서 깊은 자괴감에 빠질 것이다. 그렇다면 이런 말을 듣게 되는 요인은 무엇일까? 만약 당신이 이런 말을 한 번이라도 들었다면 스스로 다음 세 가지의 질문을 던져보라.

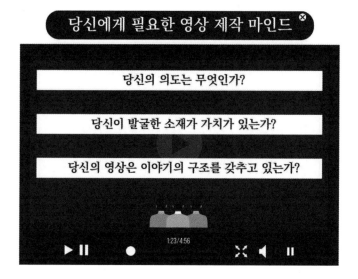

Q1. 당신의 의도는 무엇인가?

기획 과정에서 의도가 없다면 촬영은 시작도 못 할 것이고, 제작 과정에서 의도가 없다면 당신은 촬영장에서 무엇을 해야 할지 모를 것이다. 이만큼 영상에서 의도는 절대적인 개념이다. 기획 의도는 영상의 존재 이유이자 목표이다. 그러므로 기획 의도는 확정되는 순간 절대 불변이다. 반면에 촬영과 편집 과정에서의 연출 의도는 계속해서 변화하고 발전한다. 시각화로 이야기를 생성하는 실행 과정이기 때문이다.

냉정하게 자신에게 질문을 던져야 한다. '내가 영상으로 말하고자 하는 것은 무엇인가?' 만약 이 질문에 당신이 답을 하지 못한다면 영상을 만들 이유는 없다. 좋은 영상을 만들기 위해 당신이 제일 먼저 해야 할 일은 의도를 명확하게 드러내는 것이다. 그리고 명확한 의도는 당신이 영상을 만드는 과정에서 항상 올바른 길로 인도할 것이다. 의도 없이 그냥 찍는 영상은 반드시 버려진다.

Q2. 당신이 발굴한 소재는 가치가 있는가?

혼자서 보고 즐기기 위해 만드는 것이 아닌 이상, 영상은 누군가와 공유하고 공감했을 때 가치가 있다. 신선한 재료에서 훌륭한 음식이 나오듯이 관객에게 흡입력 있는 소재를 제공해야 영상의 가치도 상승한다. 가치 있는 소재의 발굴은 좋은 이야기를 만들고 메시지를 훌륭하게 전달할 수 있는 출발점이라는 것을 잊지 말라. 당신의 눈앞에 존재하는 모든 것이 영상의 소재이지만, 영상으로 만들기에 가치가 있는가는 분명 다른 문제이다. 좋은 재료를 찾는 것을 게을리하지 말라. 좋은 재료 하나가 영상의 전체 성패를 가름할 수 있다.

Q3. 이야기의 구조를 갖추고 있는가?

사람들은 이야기를 좋아한다. 서론부터 결론까지 이야기가 잘 전달됐을 때 희열을 느끼고 감동을 한다. 어쩌면 이야기의 서론이 장황해서 지루할 수도 있고 구조가 복잡해서 이해하기 힘들 수도 있다. 이러한 문제는 편집에서 얼마든지 수정할 수 있다. 만일 지루한 부분이 있다면 잘라내면 되고 재미있는 부분만 남기면 된다. 그보다 중요한 것은 당신의 영상에 이야기가 있느냐이다. 관객이 영상에 빠져드는 이유는 관객이 모르는 이야기가 숨겨져 있기 때문이다. 재미는 둘째 치고 이야기의 구조도 갖추지 않은 영상을 보고 있을 관객은 없다.

기획은 분모이고
스토리는 분자이다

일반적으로 회사의 기획 업무는 매우 중요한 일로 인식되지만, 한 편으로는 기피 대상이 되는 일이기도 하다. 이는 기획이라는 업무가 소위 '맨땅에 헤딩'으로 통하기 때문이다. 실체가 존재하지 않는 것을 기획해야 할 때가 많고 손에 잡히지 않기 때문에 주로 경험과 상상에 의존해야 하는 일이기도 하다. 그래서 기획 업무는 일반적으로 똑똑한 사람들이 모여 무언가를 짜내고 무에서 유를 창조해내는 이미지가 강하다. 바꿔 말해 기획을 잘하는 사람은 조직 내에서 시장의 흐름에 빠르게 반응하고 그 속에서 뛰어난 문제해결 능력을 발휘하는 사람이기도 하다.

어떤 일을 수행하기 위한 기획의 과정은 분모의 역할을 한다. 예를 들어, 사과를 먹기 위해 몇 조각으로 나눌 건지 의논하고 결정하는 일이다. 사과를 먹을 사람은 몇 명이며, 사과를 나누는 방식 중 어떤 것이 가장 효과적인지 계획을 잡고 전략적으로 접근하는 것이 바로 분모의 역할이자 기획의 과정이다. 이를 통해 나뉘는 사과의 조각들이 분자의 역할을 한다.

영상 기획은 '왜 만들고자 하는가?^{Why}', '무엇을 이야기할 것인가?^{What}', '어떻게 만들 것인가?^{How}'에 대한 관점으로 완성된다. 소재의 발굴, 기획 의도, 제작 방향 등은 이러한 지속적인 물음으로 결정된다. 특히, 왜(이유), 무엇을(내용), 어떻게(방법)라는 세 가지의 관점에 의해 결정된 영상 기획은 분모가 되고 기획에서 설정한 이야기의 집합체는 분자가 되는 구조이다. 이것은 기획이 명확하지 않으면 이야기의 흐름 또한 흔들릴 수밖에 없다는 방증이다.

영상 기획은 기획자가 머릿속에 그려놓은 추상적인 아이디어를 체계화하는 과정이다. 이 과정에서 기획자의 의도는 영상 제작의 목적을 명확하게 드러낸다. 성공적인 기획을 위해서는 스스로 다음과 같은 질문을 지속해서 던져보고 답을 구해볼 필요가 있다.

Q1. 왜 만들려는 것인가?

만약 당신의 친구가 자신의 결혼식 영상을 촬영해달라고 부탁한다면 어떻게 할 것인가? 그냥 결혼식 현장을 보여주면 되는 것 아니냐고 생각한다면 당신은 친구의 요청을 거절하는 것이 낫다. 영상을 만들어도 아무런 특색이 없을 게 뻔하다. 최소한 친구가 원하는 결혼식 영상의 콘셉트를 확인하고 당신만의 색깔을 입히려는 시도는 있어야 한다. 관습적인 행사라고 해서 영상을 만들어야 하는 이유가 없는 것은 아니다. 친구의 부탁을 허락한다면 '나는 이 영상을 왜 만들려고 하는 가?'에 대한 배경을 파악하는 과정은 필요하다. 이것은 영상의 정체성을 확립하는 과정이다.

영상의 정체성은 영상을 통해 무슨 이야기를 할 것인지 자신에게 던지는 물음에서부터 시작한다. 이러한 물음은 명확한 목적을 가진 의도로 발전하고 선명한 메시지 전달로 연결된다. 이러한 지속적인 물음이 영상의 질을 한 단계 발전시킨다. "왜 만드는가?"에 대한 의문의 과정에서 창의성은 발휘된다.

Q2. 대상이 누구인가?

사람들에게 어떠한 영상을 보여주고 반응을 한번 살펴보라. 재미있게 느끼는 사람들은 대부분 '무엇무엇하니까 재미있다.'라고 대답을 한다. 반대로 영상을 재미없게 느끼는 사람들의 이유는 매우 다양하다. 분위기가 마음에 들지 않는다거나 내용이 어렵다거나 심지어는 그냥 출연자나 연기자가 싫어서라고 답하는 사람도 있다.

이처럼 영상을 이야기로 전달했을 때 관객의 정서적 반응은 제각각이다. 영상의 시청은 불특정 다수를 향하지만, 당신의 영상을 좋아할 만한 대상층은 특정하게 나타날 수도 있는 것이다. 그러므로 영상 기획의 과정에서 시청 대상의 범위를 설정해야 한다. '이 영상을 주로 누가 볼 것인가?'를 규정하는 것은 대상층의 요구와 트렌드에 집중하고 그들의 관점에서 기획하는 공간을 확보하는 데 도움을 준다. 반대로 모든 관객을 만족시키려는 영상은 모든 요소를 쫓아다녀야 하는 길 잃은 기획이 될 가능성이 크다.

Q3. 실현 가능한 전략을 세웠는가?

세상에 말이나 글로는 안 되는 일이 없다. 기획 과정에서 당신 마음껏 상상하고 즐겨보라. 당신은 북극을 탐험해볼 수도 있고 세렝게티 초원에서 표범의 삶을 그려볼 수도 있다. 그 과정에서 소재를 확정했다면 머릿속에 떠오르는 이미지의 첫인상과 마주해보라. 아마도 당신이 알고 있는 정보는 제한적이기 때문에 떠오르는 이미지는 대부분 조각난 형태로 그려질 것이다. 이것은 다수의 가상 시나리오를 당신의 머릿속에 그리는 과정이며, 엄밀히 말해 여기까지는 상상의 영역이다. 현실적인 영상의 실현 가능성은 관련한 자료를 찾고 전문가를 만나는 등의 심층적인 정보 수집으로 판단할 수 있다.

문제는 기획 과정에서 영상의 실현 가능성은 소재의 신선함과 계속해서 충돌한다는 것이다. 소재의 신선함만 추구하면 실현 가능성은 떨어지고 반대로 신선함이 부족하면 실현 가능성은 커지지만, 영상의 성공을 담보할 수 없다. 이러한 현실과 상상의 괴리는 기획의 과정에서 계속해서 충돌한다. 그래도 걱정할 필요는 없다. 시간과의 싸움이다. 이야기를 구성하는 과정에서 자연스럽게 현실과 상상은 구분되고 실현 가능한 상상만 남기 마련이다.

Q4. 어떤 포맷으로 제작할 것인가?

실현 가능한 소재가 확정되었다면 영상의 포맷을 고민해야 한다. 포맷의 결정은 영상을 어떻게 제작할 것인가를 결정하는 것으로 영상물의 전체 방향을 규정짓는다. 예를 들어, 드라마로 광고를 제작하면 어떠한가? 또는 드라마와 다큐멘터리의 접목은 어떠한가? 실제로 드라마와 광고의 결합은 '브랜디드 콘텐츠^{Branded contents}'라는 새로운 형태의 장르로 나타났다. 다큐멘터리의 현실 세계에 극적 요소를 가미하고 싶다면 영상 표현의 방법으로 '다큐드라마'는 얼마든지 가능하다. 오히려 소재를 발굴한 후 영상 표현의 방법을 고민하는 과정에서 장르의 융합과 포맷은 자유자재로 변경된다. 이처럼 최근의 영상 콘텐츠는 장르의 경계를 나누는 것이 무의미할 정도로 장르의 융합이 활발하게 이루어지고 있다.

다큐멘터리에 힙합의 요소를 결합한 다음의 사례를 살펴보자.

〈청년, 진짜 이야기〉 (2017)

프로그램의 기획 방향은 청년을 제대로 알지 못하면서 그들을 마음대로 재단하고 판단하는 것에서 벗어나 그들이 전하는 청년들의 진정한 목소리를 진솔하게 풀어보고자 하였다. 청년들을 대변하는 중요한 장치로 젊음과 저항의 상징인 '힙합'의 요소를 더하여 장르 융합을 시도하였다. 청년들의 목소리를 힙합으로 직접 작사·작곡하여 프로그램의 전반적인 흐름을 잡아가는 구조이다. 기존의 수많은 청년과 관련한 프로그램들이 청년들이 처한 현실에 치중하였다면 이 프로그램은 기존의 것에서 탈피하기 위한 목적으로 힙합과의 장르 융합을 시도하였다.

이 프로그램은 자칫 무거운 소재로 인식할 수 있는 우리 사회의 청년 문제를 힙합과 장르를 융합함으로써 차별화된 메시지를 전달할 수 있었다.

**포맷의 개발은
형식의 확장이다**

모든 영상은 고유의 형식을 가지고 있다. 이러한 고유의 형식은 나름의 표현 영역을 구축하고 있다. 포맷의 개발을 일방적인 '형식의 파괴'보다는 '형식의 확장'이라는 관점에서 바라보자.

독창적인 포맷의 개발은 단순한 장르의 물리적 결합으로 완성되지 않는다. 만들고자 하는 콘텐츠의 속성을 파악하는 것이 중요하다. 새로운 포맷은 단순한 기계적 결합을 통한 장르의 일방적 파괴가 아닌 익숙함 속에 새로움을 구현하는 것임을 명심하자.

Q5. 독창적인 구성 전략은 있는가?

새로운 물건을 만든다면, 최소한 디자인이 예쁘든지 아니면 내구성이나 실용성이 우수하든지 무엇 하나는 독보적인 장점이 있어야 한다. 그것은 영상도 마찬가지이다.

영상을 제작하는 모든 감독이 고민하는 것이 바로 영상의 차별성이다. 관객의 시점을 압도하는 영상의 표현력을 갖고 싶은 것이다. 좋은 영상에는 차별화된 구성 전략이 담겨 있다. 같은 소재라 하더라도 '어떻게 만들 것인가?'는 기획하는 사람에 따라 천차만별이다. 영상의 차별화는 소재의 신선함, 포맷의 융합, 구성의 특이성 등의 전략적 접근에서 비롯된다. 이러한 요소들은 이야기를 전개하는 중요 수단으로 작용하고 영상의 완성도에 절대적인 영향을 미친다. 장르, 포맷, 소재가 유사한 영상이 쏟아지는 현 상황에서 '남들이 갖지 못하는 나만의 무기를 갖는다.'라는 것은 얼마나 멋진 일인가?

다음의 사례를 살펴보자. 우리나라 공교육의 문제점을 소재로 하는 프로그램에서 독창적인 구성 전략에 대한 고민이 담겨 있다.

〈교실, 주인을 찾습니다〉(2016)

우리나라 교육의 문제는 누구나 익히 알고 공감하는 뻔한 이야기이다. 이 프로그램에서 제작 방향의 설정은 지금까지의 교육 프로그램이 학생에게 초점이 맞춰져 있었다면 학교 수업의 또 다른 주체인 선생님의 변화에 주목했다. 그런데 제작진이 일방적으로 선생님의 수업 방식을 바꾸는 건 불가능에 가깝다. 그래서 기간을 두고 학생들의 수업 만족도 변화를 확인하기 위해 수업 방식을 바꿔보는 프로젝트형 제작을 진행했다. 교실 실험의 정확성을 위해 여러 가지 장치를 통해 수업의 전과 후를 내밀하게 비교하고 강의식 수업 최소화 등 규칙도 명확하게 마련했다. 결과적으로 이 프로그램은 교실의 두 주체인 선생님과 학생들의 소소한 변화과정을 들여다보고 행복한 교실이 무엇인지에 대한 작은 메시지를 던지는 것만으로 충분히 가치가 있었다.

Q6. 한 장으로 기획안을 작성할 수 있는가?

영상 기획안에는 기획자의 의도가 잘 나타나야 한다. 제작에 관여하는 모든 사람에게 영상의 분명한 의도를 전달하고 영상의 가치를 설득하기 위한 문서이기 때문이다.

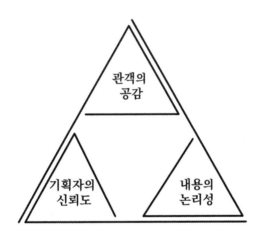

글로 누군가를 설득하는 것은 기획자에 대한 신뢰도와 내용의 논리성, 그리고 관객의 공감이라는 삼박자가 잘 맞아야 한다. 신뢰도는 객관적 자료 속에서 나타나고 논리성은 기획자의 주장과 근거를 명확하게 제시해야 한다. 마지막으로 평가자의 감성을 끌어내면 공감이 생성된다. 영상 기획안에서 기획 의도는 객관적 자료와 제작자의 주장과 근거가 글로 나타나는 핵심 요소이다. 영상 기획안의 주요 요소는 다음과 같다.

기획 의도(Why)

목적과 콘셉트를 명확하게 하는 구성 요소로 설득의 과정이 가장 적나라하게 드러나는 요소이다. 작품을 통해 전달하고자 하는 바를 명료하게 제시할 수 있어야 한다.

구성 내용(What)

최대한의 정확한 정보나 자료 수집을 통해 개략적인 내용을 시간대별로 연결해 보는 과정이라고 할 수 있다. 구성 요약 및 대략의 구성 흐름을 이해할 수 있도록 작성하는 것이 일반적이다. 물론 기획안의 구성 내용은 제작 과정 중에 얼마든지 변경될 수 있다.

제작 방향(How)

새로운 영상 포맷이나 기법의 시도 및 출연자의 계획 등을 기술한다. 제작 방향에서는 결정된 포맷을 통해 영상 표현의 차별성을 결정해야 하는 중요한 과정이다. 그러므로 제작 방향은 감독의 의지나 생각이 강하게 반영되는 부분이다.

영상 기획안은 보고서를 작성하는 것이 아니다. 기획자는 아이디어, 소재 발굴, 주제 선정, 그리고 정보 수집을 통한 이야기의 구성까지 전부 관여하게 된다. 이 과정에서 자칫 알고 있는 모든 정보를 담으려고 하면 기획안은 비대해질 것이고, 읽기 싫은 기획안이 될 것이다. 장황한 설명보다는 간결한 문장으로 작성하려고 노력해라.

영상 기획안은 명료함 속에서의 설득이 핵심이다. 즉, 당신이 하고 싶은 이야기를 누가 들어도 이해할 수 있게 만드는 것이다. 외형이 화려한 영상 기획안에 집착하지 말라. 어차피 기획안에 내용 전부를 담을 수는 없다. 누군가를 설득하기 위해 콘셉트를 명확하게 정리하는 것은 A4용지 한 장이면 충분하다.

주제를 관통하는
소재를 잡아라

　언젠가 영상 제작 초보자 교육에서 마음에 드는 소재를 잡아서 카메라로 표현해보는 훈련을 진행한 적이 있다. 교육생 대부분은 자신의 눈앞에 비치는 물체나 현상을 찍는 데 집중했다. 대체로 풍경, 꽃, 달리는 자동차 등이었다. 그런데 한 교육생이 강의실 구석을 맴돌면서 무언가를 열심히 찍고 있었다. 그 광경이 매우 인상 깊어서 무엇을 찍느냐고 물어봤더니, 그는 공유기를 찍고 있다고 대답했다. 영상의 콘셉트를 물어보니 '열심히 일하는 공유기'라고 대답했다. 그는 24시간 동안 보이지 않는 곳에서 사람들의 인터넷 접속을 도와주는 고마운 물건이라는 의미를 전달하고 싶어 했다. 영상 제작 초보자이지만 자신만의 의도대로 주제를 관통하는 좋은 소재를 발굴한 것이다.

　이처럼 영상의 주제는 감독의 사상과 세계관을 응집해 전달하는 메시지이다. 그것은 감독이 무엇을 이야기하겠다는 목표이기도 하다. 이러한 목표를 달성하기 위해서 감독이 선택한 이야기의 재료가 바로 소재이다. 제작 현장에서는 흔히 '아이템(소재)이 전부'라는 말을 자주 한다. 이 말은 좋은 소재를 발굴하면 얼마든지 원하는 이야기를 할 수 있다는 것이다.

지금 당장 당신의 집 앞에 카메라를 들고 나가보라. 당신의 눈앞에 수많은 정보가 펼쳐져 있지만, 당신이 준비되지 않았다면 무엇을 선택하고 어떻게 찍을 것인가에 대해 난감한 경험을 할 것이다. 무엇으로 영상을 만들 것인가? 그리고 어떤 이야기를 할 것인가는 세상에서 일어나는 다양한 현상에 대한 접촉면을 넓히는 과정에서 가능하다. 그것은 단순한 아이디어로 출발해서 본질을 들여다보는 의도된 정보수집까지 모든 것을 총망라한다.

양질의 소재를 판별하는 기준

좋은 소재는 그냥 나오는 것이 아니다. 정보를 수집하는 것을 게을리하지 말라. 우연히 얻어걸리는 소재가 얼마나 되겠는가? 그리고 언제까지 기다리기만 할 것인가? 당신이 해야 할 일은 떠돌아다니는 정보에 민감하게 반응하는 것이다. 당신이 살아가면서 보고, 듣고, 경험한 모든 것이 영상의 소재가 될 수 있다. 그리고 당신의 수첩과 스마트폰에는 항상 소재를 준비한 기록이 남아 있어야 한다. 이런 정보수집을 토대로 영상으로 제작하기에 적합한 양질의 소재인가를 판단하는 당신만의 기준을 마련해야 한다. 일반적인 기준은 다음과 같다.

소재에 새롭고 유익한 정보가 담겨 있어야 한다.

관객들은 항상 새로운 정보에 접근하기를 원하고 그 정보에 대해 즉각적인 반응을 나타낸다. 새로운 정보는 곧 새로운 이야기로 인식하기 때문이다.

본질을 꿰뚫어 봤을 때 문제의식을 느낄 수 있어야 한다.

현상을 바라볼 때 문제의식이 있는 소재는 영상에 박진감과 긴장감을 느끼게 한다.

문제의식을 전달하는 과정에 이야기가 존재해야 한다.

이야기의 존재 여부는 영상의 몰입감과 밀접하다. 이야기가 없는 영상은 지루하고 지속성이 떨어진다.

소재는 작고 주제는 넓게

　우리는 매해 신년이 되면 익숙한 TV 프로그램을 만날 수 있다. 그해의 정치, 경제, 사회를 전망하는 시리즈 형태의 시사 다큐멘터리 프로그램이다. 그런데 주제를 전달하기에 소재가 너무 무겁고 넓다는 느낌을 받는다. 높은 빌딩과 인파, 도산한 기업들, 시위하는 노동자 등의 피상적인 내용으로 경제를 전망하는 것이 가능하냐는 의문이 있다. 이처럼 소재의 범위가 넓으면 이야기가 복잡하고 설명식 구조로 전개될 확률이 높다. 반대로 소재의 크기가 작으면 이야기의 구성이 편하고 오히려 자유롭다. 이는 구체적인 논증의 과정을 거치면서 이야기의 구조가 탄탄해지는 효과와 더불어 영상의 이해도를 높일 수 있다.

예를 들어, 나무의 구조에 대입해보면 이야기의 중심 소재는 줄기이고 이야기는 가지에 해당한다. 그런데 중요한 것은 중심축이 되는 줄기(소재) 는 작을수록 효과적이라는 것이다. 줄기가 크면 가지가 뻗어가는 이야기의 구조도 복잡해지기 마련이다. 마지막에 전달하고 싶은 이야기는 열매, 즉 주제에 해당한다. 이야기의 구성은 작은 소재로 중심축을 세우는 것이 효과적이다. 작은 소재를 기반으로 생각을 확장하면 이야기의 점진적 확장도 가능하다.

다음의 프로그램 사례를 살펴보자.

〈밥 한번 먹자〉 (2015)

우리는 누군가와 친밀감을 표현하기 위해 의례적으로 '밥 한번 먹자.'라는 말을 한다. 거기에서 착안하여 최근 사회 문제로 떠오른 이웃 간의 소통 문제를 해소할 수 있는 가장 자연스러운 방법의 하나로 '이웃과 식사를 함께 하면 어떨까?'라는 것에서 출발한다. 소재는 '식사'이고 주제는 '이웃을 초대해서 식사를 함께하면 공동체가 변한다.'라는 것이다. 최근에는 거의 찾아볼 수 없는 '이웃 간의 식사'라는 흡입력 있는 소재는 제작의 모든 과정에서 절대 간과해서는 안 되는 필수적인 재료이다. 이 재료를 이용하여 가족과 공동체의 변화를 그려내는 것이 전달하고자 하는 내용이다. 이 프로그램은 소재와 주제가 완벽하게 분리되어 있으므로 제작 콘셉트는 아주 명확하다. 물론 제작 과정상의 어려움은 있었지만, 명확한 제작 콘셉트는 감독의 부담을 덜어준다. 말 그대로 식사라는 소재를 통하여 전달하고자 하는 주제가 제대로 드러나는가에만 집중하면 되기 때문이다.

고정관념에서 벗어나라

당신이 영상을 제작하면 다양한 소재와 마주하게 될 것이다. 그중에는 '와, 재미있겠네.'라고 즉각적인 반응이 나타나는 때가 있다. 이 소재는 신선함과 함께 이야기의 확장성이 우수한 소재일 가능성이 크다. 이때는 모호하고 추상적인 관점에서 벗어나 정교하게 다듬는 개념화conceptualization의 과정이 필요하다. 만약 당신에게 대입할 수 있는 소재라면 "이 문제에 대해 나라면 어떻게 할 것인가?" 또는 "이 현상의 본질은 무엇인가?" 등을 해석해보는 것이다.

그런데 문제는 당신 앞에 나타난 소재 중에 '와, 재미있겠네.'라는 것보다는 '무슨 이야기를 하지?'라는 의문이 드는 소재가 훨씬 많다는 것이다. 이때는 당신의 머릿속에 자리 잡은 고정관념을 의심해 봐라. 당신의 보편적 관념이나 경험으로 그 소재의 의미들이 굳어진 것은 아닌지 의심해 보라는 것이다. 실제로 인간은 살아가면서 고정관념에 파묻혀 있다. 세대, 지역, 성별, 인종 등 다양한 분야에서 고정관념은 선입견이나 편견으로 이어지고 이것이 사회 문제가 되기도 한다.

"여성은 남성보다 운전을 못 한다." 당신은 이 말에 동의하는가? 이 말은 남성들의 보편적 기준에서 바라보는 시각이다. 만약 당신이 이 말에 동의한다면 영상으로 만들어야 할 이유는 없다. 당신에게 이미 고정관념이나 선입견으로 자리 잡고 있으므로 더는 영상으로 증명할 이유가 없기 때문이다. 중요한 것은 고정관념, 선입견, 편견은 영상 기획 과정에서 당신이 할 수 있는 많은 일에 제동을 건다는 것이다. 고정관념에서 벗어나 소재를 재구성해보라. 여기서 재구성은 소재를 바라보는 시각의 변화를 의미한다. 만약 당신이 사건이나 현상의 이면을 바라보면 당신이 생각할 수 있는 범위는 확실히 넓어진다. 예컨대 내가 제작했던 프로그램 중에 하이힐을 소재로 다룬 적이 있다.

〈하이힐, 여자를 부탁해〉 (2011)

"하이힐은 패션의 일부이다."

만약 위의 문장과 같이 하이힐이라는 소재를 누구나 아는 패션의
일부 정도로 규정했다면 이러한 인식으로는 영상으로 제작할 이유
도 명분도 없다.

"하이힐은 여성의 지위를 상징한다."

반면에 하이힐이 패션의 일부라는 보편적인 관념에서 벗어나 위의
문장처럼 하이힐과 여성의 지위 관계로 소재를 재구성하면 소재의
가치 상승과 함께 하이힐로 전달하고자 하는 선명한 주제를 선정

할 수 있다. 여기서 주의할 점은 주제 선정에 주관적 견해가 개입해서는 안 된다는 것이다.

"하이힐은 여성의 삶을 바꿀 수 있다."

위의 예시와 같이 증명할 수 없는 주관적 요소를 주제로 선정하는 것은 관객들의 가치판단 기준이 각기 달라서 피하는 것이 좋다. 소재를 특정하고 명확한 주제가 선정되었다면 주제는 항상 머릿속에 넣어두고 소재와 주제에서 파생되는 다양한 이야기의 요소를 조합하고 구조화하는 것이 필요하다. 그런데 소재와 주제의 경계가 불분명한 때도 있다. 영화 〈러브 스토리〉에서 '사랑'은 소재인가 주제인가? 여기서 '사랑'은 이야기의 극적 의미보다는 내용의 연결을 위한 설정의 도구로 활용되기 때문에 소재에 해당한다. 이처럼 소재와 주제의 경계가 모호한 경우 소재와 주제를 완벽하게 분리하는 것이 우선되어야 한다. "나는 이 소재(재료)를 가지고 이런 이야기를 할 거다."와 같이 의도적으로 소재와 주제를 분리하는 습관을 갖는 것도 좋은 방법이다.

소재의 개념화와 재구성의 최종 목적은 이야기의 확장과 명확한 메시지의 전달이다. 주제는 영상을 통해서 가고자 하는 길을 제시하는 것으로 선명함이 무엇보다 중요하다.

이야기의 구조를
해체해 보라

당신은 즐겨 보는 TV 프로그램이나 유튜브 채널이 있을 것이다. 그렇다면 즐겨 보는 이유를 생각해 본 적이 있는가? 막연하게 "재미있어서." 또는 "특정 연예인의 팬이라서."와 같은 대답은 영상을 제작하는 사람에게 어울리지 않는 답변이다. 이것은 당신이 영상을 즐기기만할 뿐 해부해 본 적이 없다는 것을 의미한다. 남이 만들어 놓은 영상을 분석하는 것도 영상을 만드는 데 좋은 훈련 방법이다.

만약 분석한 적이 없다면 지금부터라도 한번 실행해 보라. 여기서 말하는 분석은 영상을 해체해 보면서 당신이 즐겨 보는 이유를 찾는 것이다. 영상의 소재와 주제를 비롯한 이야기의 구성, 촬영 기법, 영상의 표현력, 편집 방법 등 영상의 요소는 물론이고 감독의 열정과 고민의 흔적도 함께 엿볼 수 있을 것이다. 특히 이야기의 구조를 해체해

보는 것은 당신에게 매우 중요한 일이다. 이야기는 드라마와 영화에만 있는 것이 아니다. 당신이 즐겨 보는 예능, 교양, 당신의 아들이 즐겨 보는 애니메이션에도 형식만 다를 뿐 이야기의 구조는 갖추고 있다. 그리고 기승전결의 이야기 구조를 노트에 적어 보라. 분명 영상의 서사적 구조를 이해하는 데 도움이 될 것이다.

이제 분석한 영상을 참고하여 당신이 발굴한 소재에도 이야기의 구조를 적용해보자. 모든 이야기의 패턴은 비슷하다. 기승전결(起承轉結)이 기본 구조이다. 기(紀)에서는 영상의 목적을 수행할 주인공(출연자)이 필요하다. 그리고 주인공이 처한 상황이 보인다. 승(承)은 주인공을 중심으로 다양한 관계가 정립되고 본격적인 사건이 발생하여 갈등이 나타난다. 전(轉)에서는 갈등의 반전이 일어나면서 긴장감이 최고조에 달한다. 결(結)에서는 사건의 갈등이 해소되고 이야기의 결과를 알 수 있다.

영상 기획에서 이야기의 구조를 만드는 과정은 도형의 기본 요소인 점과 선 그리고 면을 형성하는 과정과 유사하다. 당신이 발견한 조그마한 아이디어가 점^{point}이라면 그 아이디어가 모여서 발상의 과정을 거쳐 선^{line}을 이루고 다양한 정보를 수집하면 이야기를 구성할 수 있는 면^{face}이 형성된다. 당신이 발굴한 소재에서 주인공을 중심으로 관계를 정립하고 사건을 연결함으로써 이야기의 가능성을 엿볼 수 있다. 이때 장면을 구체적이거나 정밀하게 묘사할 필요는 없다. 이야기의 흐름만 파악하면 충분하다. 이야기의 흐름을 파악하는 방법은 다음과 같다.

① 관련성 있는 정보로 단락을 만든다.

영상에서 전달하고자 하는 메시지가 도출되면 다양한 정보는 같은 범주로 묶을 수 있다. 영상으로 스토리를 전개하기 위해서는 여러 개의 단락이 필요하다.

② 단락에 소제목을 달고 핵심 내용을 작성한다.

소제목은 스토리의 흐름을 이해하기 위한 목적으로 활용되고 간략한 내용을 담으면 이야기의 흐름과 내용 파악이 쉽다.

③ 소제목 단위로 연결한다.

소제목 단위로 연결하고 구성을 바꿔봄으로써 스토리의 전체 흐름을 확인하고 소재의 특징을 확인할 수 있다.

비록 영상 기획 과정은 글과 말뿐이지만 이야기의 구조는 마련해야 한다. 하지만 당신이 이야기하고 싶은 목표는 분명히 하되 너무 매몰되지 않도록 주의하라. 사고의 정체로 이야기의 연결이 쉽지 않을 수 있다.

숲과 나무로 비유하면 숲을 구성하려면 나무가 있어야 한다. 다양한 정보수집으로 숲을 대변할 수 있는 나무부터 찾아보라. 그 나무들이 모이면 자연스럽게 숲(목표)을 이루게 된다.

감독은 항상 참신한 이야기에 목말라한다. 그런데 기발한 이야기는 머릿속에 저장시켜놓고 꺼내서 쓸 수 있는 것이 아니라 다양한 정보들을 유기적으로 연결하고 구조화하는 과정에서 나타난다. 좋은 아이디어가 떠오르면 이야기로 확장해 보라. 그러면 당신의 이야기에 확신을 가질 수 있다.

모방도 전략이다

창의성은 영상에서 매우 중요한 가치로 인식된다. 당신은 분명 창의성을 발휘하기 위해 부단한 노력을 할 것이다. 그런데 당신의 머릿속에 떠오르는 것은 한 번쯤은 경험했거나 어디서 본 듯한 기시감에 사로잡힐지 모른다. "이거 괜찮네."라고 하면 옆에서 누군가가 "그거 다른 채널에서 비슷한 내용으로 만들었어요." 혹은 "그런 영상은 정말 많아요."라고 하는 말을 듣는 순간 당신의 창의성은 한계에 부딪힌다. 우리의 뇌는 항상 보고 느끼고 경험한 것을 우선으로 생각하기 마련이다. 그렇기에 영상 기획은 창조와 모방의 중간 단계에서 줄다리기하는 지리멸렬한 싸움이다.

혹시 당신은 매 순간 블루오션을 꿈꾸는가? 그렇다면 당신은 '모방'이라는 단어를 좋아하지 않을 것이다. "내가 왜 남의 것을 따라 해야 하지?" 혹은 "나만의 무언가를 창조해보겠어."라는 생각에 사로잡혀 있다면 모방은 부정적으로 느껴질 수밖에 없다. 하지만 모방이 아니라 변형 혹은 응용이라고 생각하면 어떠한가? 단순히 남의 영상을 따라 하는 것이 아니라 자신만의 포맷으로 변형하는 것은 당신이 겪고 있는 사고의 정체에서 벗어나는 돌파구일 수 있다.

몇 년 전부터 우후죽순처럼 나오는 오디션 프로그램을 보면 무슨 생각이 드는가? 숨 막히는 경쟁을 보면서 느끼는 감정은 인간의 본성을 자극한다. 그런데 이미 한 번쯤은 경험했던 프로그램이 어느 채널에선가 약간의 변형의 과정을 거쳐 다른 모습으로 방송된다. 아류작이라고 깎아내릴 수도 있겠지만, 관객들은 비슷한 이야기라도 재미와 감동의 추구를 우선시한다. 이처럼 영상 기획은 비슷한 것을 가지고 어떻게 하면 다르게 보일까를 고민하는 과정일 수 있다.

영상 기획 과정에서 소재는 정체되어 있지 않고 지속해서 변화하고 발전한다. 이러한 변화의 과정은 기존의 소재와는 다른 '트렌드'라는 이름으로 나타나거나 심지어 과거로 회귀하여 '복고'의 형태로 나타나기도 한다. 이 과정에서 새로운 포맷과 결합하면 오히려 관객들은 소재의 신선도가 떨어지더라도 새로운 이야기라고 인식한다.

최근 영상 콘텐츠의 제작 과정에서 장르의 정통성은 무의미하다. 장르의 경계가 무의미한 현 상황에서 포맷의 개발은 반드시 고려해야 하는 요소이다. '뻔한 소재는 뻔한 이야기'라는 말은 일리가 있지만, 기획의 프로세스를 정확하게 지키고 독창적인 포맷을 입힌다면 뻔한 소재라도 완성도 있는 영상을 제작할 수 있다.

모방은 창조로 가는
정거장이다

모방은 생각의 정체 속에서 창조의 길로 나아가기 위해 아이디어, 소재 등이 모이는 정거장이다. 중요한 것은 모방의 범주이다. 결국, 영상마다 각자 가고자 하는 길은 다르다. 남의 뒤를 그대로 따라가는 것은 범죄이다. 일방적인 모방을 넘어서야 새로운 것을 창조할 수 있다.

관객의 시각으로
계획하라

　나는 결혼식 비디오를 단 한 번도 본 적이 없다. 보고 싶은 마음도 없고 지금은 어디에 있는지조차 알 수 없다. 이유가 무엇일까? 결혼식 비디오의 관객은 나와 내 가족이지만 내 생각은 단 1%도 포함되어 있지 않기 때문이다. 물론 요구하지도 않았다. 결혼식 비디오를 찍은 사람도 단순히 관습적인 행사를 기록해 놓는다는 의미로 촬영했을 것이다. 나의 결혼식 비디오처럼 영상은 관객의 관점이 무시되면 언제든지 버려질 수 있다.

　최근에 유튜브 콘텐츠를 제작하고 싶은 사람을 만난 적이 있다. 그는 자신이 하고 싶은 분야에 비슷한 콘텐츠가 너무 많다는 고민을 토로했다. 그 사람에게 내가 해준 조언은 세 가지였다. 당신이 좋아하는 것을 만들어라. 관련 콘텐츠를 많이 보라. 그리고 수요자의 입장에서 바라보라. 이것은 좋아하는 것을 만들되 관객의 관점에서 바라보라는 의미이다. 구독과 조회 수가 잘 나오는 콘텐츠는 반드시 이유가 있다.

당신의 영상은 경쟁력이 있는가? 이 질문에 대한 답은 관객만이 할 수 있다. 그러므로 영상 기획 과정에서 관객의 성향과 요구를 파악하는 것은 매우 중요한 일이다. 당신 자신에게 물어보라. 관객이 "당신의 영상을 봐야 하는 이유가 있는가?" 그렇다면 "당신의 영상에서 무기는 무엇인가?" 신선한 소재, 새로운 포맷, 흡입력 있는 시나리오, 차별화된 표현 전략 등 당신의 영상에서 독보적인 요소 하나 정도는 가지고 있어야 한다. 이것은 당신만이 할 수 있다. 영상을 만드는 주체인 당신만큼 관객을 잘 아는 사람은 없기 때문이다.

02 프레임 구성 :
어떻게 보여줄 것인가?

영상은 카메라 프레임을 통해 현실을 대변하고 묘사한다. 시각적 연출로 구성된 이미지, 즉 프레임이 서로 연결되어 서사적 구조를 이루며 시각적으로 관객들과 의사소통하는 것이다. 카메라의 프레임은 일종의 조작적 정보로 눈앞에 펼쳐진 수많은 정보 중에서 "무엇을 보여주고 무엇을 보여주지 말 것인가?" 그리고 "어떻게 보여줄 것인가?"를 시각적으로 디자인하는 것이다.

시각적 연출의 첫걸음은
당신의 생각을 프레임 안에 담는 것이다.

당신의 프레임을 구성하라

당신이 짜놓은 프레임 안에는 당신이 원하는 정보만 기록한다. 이것은 보여주고 싶은 것만 기록하는 시각적인 조작^{manipulate} 행위이다. 여기서 말하는 조작은 세상에 존재하지 않는 것을 보여준다는 의미는 아니다. 당신의 이야기를 구성하는 데 필요한 정보만 프레임 안에 녹여낸다는 의미이다. 카메라의 네모 프레임은 감독이 세상을 바라보는 시선이다. 관객에게 아무런 느낌이나 감정을 전달하지 못하는 프레임은 감독이 어떻게 보여줄 것인가에 대한 고민이 없다는 것이다.

예컨대 방안에서 주인공이 전화 통화하는 장면을 설정해보자. 주인공이 통화하는 모습을 방문이 활짝 열려 있는 프레임으로 구성하면 관객은 일상적인 통화를 연상한다. 반면에 방문이 반쯤 닫혀 있는 상태에서 바라보는 프레임은 주인공의 통화를 관객이 몰래 엿듣는다는 은밀함을 연상 시켜 사건의 긴장감을 조성한다. 이처럼 카메라의 프레임에 따라 관객이 느끼는 심리적 깊이는 확연히 달라진다.

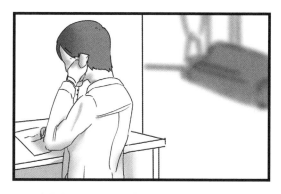

프레임의 구성에서 방문을 어떻게 배치하느냐에 따라

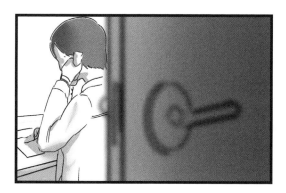

관객이 느끼는 심리적 깊이는 달라진다.

프레임의 구성은 기존의 시간과 공간을 파괴하거나 재창조할 수도 있고 상황에 의미를 부여해서 축소 또는 확대할 수도 있다. 감독이 자신의 의도를 통해 세상을 바라보고 표현하는 것이 바로 프레임의 구성이다. 또한, 당신이 훌륭한 프레임을 구성하고 싶다면 관객의 관점을 무시해서는 안 된다. 프레임의 구성 과정에서 당신의 의도에 의해 생산된 이미지가 관객에게 어떻게 지각되는가는 중요한 고려 대상이다. 훌륭한 프레임을 구성하기 위한 다음의 요건들을 살펴보자.

① 관객이 시각적인 불편함을 느끼지 않아야 한다.
② 주제를 관통해야 한다.
③ 관객의 관심을 유발할 수 있어야 한다.
④ 관객이 이해할 수 있도록 명확해야 한다.

카메라의 녹화 버튼을 누르는 순간 쇼트는 생성되지만, 그 쇼트가 전달하는 이야기에 쓰일만한 가치가 있는가는 전혀 다른 문제이다. 화면을 구성하는 모든 시각적 요소가 자연스럽게 배치되고 관객이 심리적으로 호응했을 때 프레임의 가치는 상승한다. 프레임의 가치를 높이기 위한 요소들은 어떠한 것들인지 살펴보자.

1. 화면의 조형감

프레임의 구성에서 일차적인 단계는 프레이밍framing이다. 화면을 어디서부터 어디까지 기록할 것인가를 결정하는 것이다. 프레임이 장면화를 위한 가장 기본적인 사각의 틀이라면 프레이밍은 사각의 틀을 균형, 비율, 여백 등을 고려하여 범위를 특정하고 표현성을 강조한다. 쇼트와 앵글, 구도로 생성된 안정감 있는 프레임뿐만 아니라 관객의 심리적 불안정을 암시하는 비대칭적인 구도까지 포함한다.

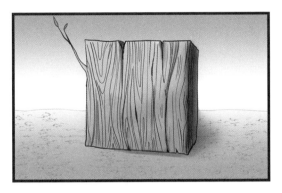

피사체를 정면에서 바라보면
화면의 평면성이 극대화하는 반면에

카메라의 위치와 각도를 조정하면
입체감이 형성되어 화면의 조형감을 높일 수 있다.

예컨대 카메라가 네모 상자를 정면에서 바라보면 네모 상자의 두께나 깊이를 전혀 느낄 수 없다. 특히 대상을 정면에서 바라보면서 프레임의 중앙에 대상을 위치시킬 때 피사체의 평면성은 더욱 극대화되고 입체감만이 아니라 공간감까지 빠진 프레임이 구성된다. 이런 경우 촬영 대상을 정면보다는 측면에서 바라보고 카메라의 각도를 비스듬히 틀어 사각(斜角)으로 촬영하는 것이 화면의 조형감을 형성하는 데 유리하다. 만약 카메라의 구도와 앵글, 안정감, 균형감 등이 떨어진다면 프레임의 가치는 떨어질 수밖에 없다.

**피사체를
중앙에 두지 말자**

화면의 프레임을 결정할 때 대상을 중심으로 좌우의 균형이 완벽하게 맞는 프레임의 구성은 피하는 게 좋다. 주 피사체를 중앙에 두면 좌우 균형을 고려한 가장 안정적인 프레임이라고 생각되지만 실제로는 답답함과 평면성을 강조하게 된다.

프레임상에서 피사체는 프레임의 중앙보다는 화면의 가로와 세로를 9등분했을 때 가로와 세로가 만나는 좌우 교차점에 위치시키는 것이 화면의 균형을 통한 안정감을 확보할 수 있다. 이를 화면의 황금분할이라 한다.

배경을 확인하자

배경은 피사체와 조화를 이루어야 한다. 배경이 절대로 튀어서는 안 된다. 돋보여야 하는 것은 주 피사체이다. 되도록 단순하면서 일정한 패턴의 배경이 시선의 분산을 막을 수 있다. 프레임 안의 배경이 어지럽고 복잡하면 피사체의 집중도가 상대적으로 떨어지고 영상의 미적 표현에도 악영향을 미칠 수 있다. 촬영하기 전에 반드시 주변을 살펴보고 어울리는 배경을 찾아라.

2. 공간의 구성

영상에서 프레임은 표현하고자 하는 대상을 제외하고 나머지는 공간(여백)으로 구성되어 있다. 그러므로 프레임 안의 공간은 피사체의 시각적 느낌에 영향을 미친다. 프레임 안의 공간을 어떻게 처리할 것인가는 매우 중요하다. 프레임에 적정한 공간이 존재하지 않으면 관객은 답답함을 느낀다. 프레임 안에서 무언가를 비움에 따라 영상의 표현력은 달라질 수 있다. 적정한 여백은 피사체가 처한 상황을 확대해 긴장감을 조성하거나 공간감을 확대해 피사체가 놓인 환경을 묘사하는 중요한 요소로 활용될 수 있다. 프레임 안의 공간 구성은 대상의 균형감을 위해 여백을 염두에 두고 프레임을 구성해야 하는 것이다. 관객의 시선과 여백이 동일하게 움직이게 함으로써 화면의 답답함에서 벗어날 수 있다.

화면의 공간 구성 방법

헤드룸(Head Room):
인물의 머리 상단부와 화면 상단 사이의 공간을 두는 것

아이룸(Eye Room):
인물이 바라보고 있는 일정 방향에 공간을 두는 것

리드룸(Lead Room):
피사체가 이동하고자 하는 진행 방향에 일정 공간을 두는 것

ADVICE

**프레임에는
적정한 여백이
필요하다**

당신이 찍고자 하는 피사체를 확정했다면 그 프레임 속 공간(여백)의 처리도 함께 고민하라. 만약에 피사체를 프레임에 꽉 채우면 답답함을 느끼게 되고 반대로 프레임에 공간이 지나치게 많으면 보기 불편한 쇼트가 형성된다. 프레임의 구성에서 피사체와 어울리는 여백을 고려하는 것도 중요한 영상 표현 요소이다.

3. 화면의 입체감

우리가 사는 현실의 세계는 3차원의 공간이다. 하지만 카메라가 구현하는 세상은 평면의 세상을 기록할 뿐이다. 어떻게 보면 영상 촬영은 현실과 가상의 공간에 대한 틈새를 좁히고 평면성을 극복하는 과정이라고 할 수 있다. 카메라의 앵글이나 구도, 빛의 명암 등으로 얻어지는 입체감과 공간감은 이미지의 현실감을 구현하는 중요한 요소로 작용한다.

배경이 억제되면 평면적인 이미지만 남는다.

관객은 공간을 인식할 수 있을 때 피사체에 집중한다.

모든 피사체는 항상 공간 속에 존재한다. 예를 들어 공간을 표현할 수 있는 배경을 제약한다면 영상에서 공간감을 느낄 수 없다. 공간 속의 무엇이 아닌 단순히 대상만 표현한 것에 불과하다. 평면적인 이미지만 남게 되는 것이다. 공간감은 단순히 비어 있는 공간을 의미하는 것이 아니다. 카메라의 구도로 얻어지는 원근감, 입체감으로 공간을 인식할 수 있게 하는 시각적 정보를 의미한다. 구도, 공간, 배경, 심지어는 조명, 세트, 배우의 연기 등 사각의 프레임에 영향을 미치는 모든 조형적 요소들은 프레임 속의 입체감과 공간감을 구현하기 위한 감독의 의도된 행위여야 한다. 프레임 구성의 과정에서 표현 범위는 감독의 주관적 관점에 의해서 이뤄지지만, 완성된 이미지는 관객이 최대한 현실의 세계로 인식할 수 있어야 한다.

ADVICE

**얕은 심도를
유지하자**

피사계 심도(Depth of Field, DOF)는 초점면이 형성된 후 촬영 대상의 앞뒤 선명함의 범위를 의미한다. 즉, 초점이 맞아 보이는 인식의 범위를 의미한다. 피사체에 초점을 맞춘 후 앞뒤의 선명함의 범위가 넓으면 "심도가 깊다.", 반대로 범위가 좁으면 "심도가 얕다."라고 표현한다.
피사계 심도는 다음의 방법에 따라 표현할 수 있다.

① 이미지 센서의 크기에 따라
② 렌즈의 초점 거리에 따라
③ 조리개의 수치에 따라
④ 촬영 거리에 따라
⑤ 피사체와 배경의 거리에 따라

화면의 입체감을 확보하고 싶다면 당신이 지금 당장 할 수 있는 일은 렌즈의 조리개를 여는 것이다. 그리고 피사체와의 촬영 거리를 최대한 좁혀보자. 그러면 당신이 찍고 있는 피사체에 어떠한 변화가 일어나는지 쉽게 확인할 수 있다. 주의할 점은 렌즈의 조리개를 열면 화면이 밝아지기 때문에 감도(ISO)를 낮게 유지하고 오버 노출에 유의해야 한다.

명암을 활용하자

빛의 방향에 따라서 피사체에는 명암이 생기고, 이것은 화면 입체감과 공간감에 영향을 미친다. 빛의 방향은 순광(純光, front light)보다는 측광(側光, side light)이나 45도 각도로 비스듬히 스며들어오는 사광(斜光, plain light)이 오히려 입체감을 표현하는 데 유리하다. 명암의 대비가 클수록 빛이 드는 부분과 그늘진 부분을 대비 시켜 입체감을 강조할 수 있다.

백 라이트^{back light}를 생각하자

만약 빛이 부족한 환경에서 조명 기구가 한 대밖에 없다면 딱히 방법은 없다. 조명을 카메라의 뒤쪽에 가져다 놓는 것이다. 그러면 최소한 프레임 안의 피사체는 촬영할 수 있다. 만약 활용할 수 있는 조명이 여러 대라면 항상 백 라이트를 염두에 두자. 백 라이트는 피사체의 좋은 입체감과 룩(look)을 가져다준다. 보통 촬영 현장에서 조명 세팅 시간이 가장 길다. 조명의 위치, 세기, 방향 등은 시간과 공간, 특히 프레임의 구성에 따라 항상 변화한다. 이러한 변화의 핵심은 좋은 입체감과 룩을 형성하기 위해서라는 것을 명심하라.

야외에서 톱 라이트^{top light}는 피하자

이른 오전 또는 늦은 오후 시간대가 긴 그림자를 만들기 때문에 피사체의 입체감과 공간감 형성에 유리하다. 야외 촬영에서 해가 머리 위에 위치하는 정오 시간대는 톱 라이트를 만들어 그림자가 짧아지고 평면적인 빛을 만들기 때문에 되도록 이 시간대의 촬영은 피하는 것이 좋다.

4. 색상과 질감

　사람의 눈은 갑작스럽게 광원이 바뀌더라도 물체의 색을 자연스럽게 백색광으로 인지한다. 이것을 색순응이라고 한다. 그런데 사람과 달리 카메라는 색순응이 없어서 광원에 따라 색상을 그대로 받아들여 기록한다. 예를 들어, 백열등 아래에서는 노란색으로 표현되고 형광등 아래에서는 연한 녹색으로 표현된다. 그렇게 되면 사람이 눈으로 보는 것과 촬영 결과물의 색상에는 분명한 차이가 발생한다. 이를 조절하기 위해 광원이 바뀌더라도 카메라가 흰색을 흰색으로 인식하게끔 하는 것이 바로 카메라의 화이트밸런스 설정이다. 색상은 화면의 주된 구성 요소이기 때문에 적합한 화이트밸런스 설정은 사물의 사실적 표현에 매우 중요한 의미가 있다. 또한, 모든 피사체는 빛의 반사로 광량과 색상이 결정되지만 적절한 조명 연출로 색상 표현의 폭을 넓히면 뚜렷한 대조 또는 대비의 효과를 얻을 수 있다. 이러한 색상 표현은 영상의 스토리를 구현하는 주요한 화면 구성 요소로 작용할 수 있다.

ADVICE

색온도의 설정

빛을 발산하는 물질은 고유 온도를 갖고 있다. 색온도는 영국의 물리학자 켈빈(Kelvin)이 물체에 열을 가하면 온도에 따라 물체의 색깔이 변하는 것에서 발견하여 개념화하였다. 색온도가 낮은 광원은 붉은색을 띠고, 색온도가 높은 광원은 푸른색을 띤다.

광원에 따른
색온도의 값을 외우자

광원의 색온도를 외우고 있다면 촬영 현장의 환경에 따라 화면 색상의 변화에 즉각적으로 대처할 수 있다. 광원별 색온도는 백열등(약 3,000K, 약한 노란색), 한낮의 태양(약 5,200K), 백색 형광등(약 6,000K), 흐린 날 그늘(약 7,000K, 옅은 푸른색)의 분포도를 갖는다.

같은 장소에서는
동일한 톤을 유지하자

같은 구도에서 와이드 쇼트와 클로즈업의 색깔 톤이 다르다면 화면의 일관성은 사라진다. 같은 장소에서는 색온도를 고정하자. 특히 오토 화이트밸런스는 프레임 안의 미세한 색의 변화에도 반응을 나타낼 수 있으므로 항상 주의해야 한다.

최근 미래에 인공지능^AI이나 로봇으로 대체 가능한 일들이 화두로 떠오르고 있다. 만약 인공지능 카메라가 등장한다면 어떻겠는가? 감독의 생각과 의도를 데이터로 분석하여 알고리즘을 만들어 로봇이 촬영해주는 시대라니 정말 흥미로운 일이다. 하지만 그것은 상상 속에서나 가능하지 않을까? 프레임의 작동은 감독의 생각이나 철학이 압축된 창조의 과정이다. 로봇이 공장에서 물건을 찍어내는 것과는 분명한 차이가 있다. 당신이 짜놓은 프레임은 곧 당신만이 표현할 수 있는 세상이라는 것을 잊지 말라.

쇼트를 조립하라

당신의 눈은 절대 한 곳에만 머물러 있지 않다. 특히 당신에게 불리한 상황이 벌어지면 눈은 더욱 빨리 움직인다. 상황을 판단하기 위해서 관망하는 자세로 바라보기도 하고 구체적으로 보기 위해서 한 곳에 집중하기도 한다. 그리고 당신의 뇌는 눈에 비치는 상황을 재빨리 조립해서 유불리를 판단한다. 이것이 당신의 뇌가 방어본능을 작동하는 원리이다.

카메라도 인간의 눈처럼 항상 현실을 대변한다. 이제 카메라를 당신의 눈처럼 움직여보자. 카메라나 스마트폰을 들고 집 앞에 나가보라. 당신의 눈에 무엇이 보이는가? 놀이터의 아이들, 화단에 피어있는 꽃, 도로 위를 달리는 자동차 등 수많은 정보가 입력될 것이다.

예컨대 놀이터에서 그네를 타고 있는 아이들이 당신의 시선을 사로잡았다고 가정해보자. 만약 당신이 그네를 타고 있는 아이들을 넓은 프레임으로 묘사했다면 첫 쇼트는 완성한 것이다. 다음은 무엇이 궁금한가? 관객의 입장이 되어보자. 관객들은 당연히 구체적인 상황 파악을 요구하고 상상할 것이다. 아이들의 즐거운 표정이 궁금하다면 당신의 카메라는 그네를 타고 있는 아이들에게 접근해야 한다. 그래야 구체적인 아이들의 표정을 담을 수 있다. 또는 높은 곳까지 올라가는 그네를 표현하고 싶다면 당신은 카메라의 앵글(카메라의 위치)을 바꿔 아래에서 위를 촬영해야 한다.

관객의 시각에서 쇼트를 조립해 보라.

아이의 표정이 궁금하다면 이미지 크기(쇼트)가 변해야 한다.

아이를 역동적으로 표현하고 싶다면
카메라의 위치(앵글)를 바꿔야 한다.

쇼트가 연결되도록 조립해 보라. 그것이 장면화의 기본 원리이고
관객의 감정을 끌어내는 출발이다. 또한, 상황에 맞는 쇼트^{shot}와 앵글
^{angle}, 구도^{composition}로 프레임을 구성한다면 공간의 표현과 더불어 영
상 표현의 깊이감은 확연히 달라진다. 안정적인 쇼트의 연결은 관객의
시선을 잡아두기에 가장 적합한 방법이다.

당신이 반드시 기억해야 할 것은 관객은 프레임 안의 정보가 전부
라는 것이다. 만약 적절한 쇼트의 변화가 없다면 관객에게 한정된 정
보만을 제공하게 된다. 그리고 궁금한 정보를 제약하는 순간 관객은
바로 도망갈 것이다. 각각의 쇼트는 보완적 관계를 유지하며 부족한
부분을 채워나가는 퍼즐 조각과 같다.

익스트림 클로즈 업(Extreme close up, ECU)

클로즈 업(Close up, CU)

미디엄 클로즈 업(Medium Close up, MCU)

미디엄 숏(Medium shot, MS)

풀 숏(Full shot, FS)

롱 숏(Long shot, LS)

ADVICE

이미지의 크기를 바꿔보자

대상이 무엇이든 상관없다. 피사체의 크기가 넓은 프레임에서 피사체와의 거리를 조금씩 가까이 이동하며 촬영해보자. 그러면 피사체가 달리 보일 것이다. 와이드 쇼트에서 클로즈 쇼트로 확대하면 평범한 사람이 화려한 외모를 갖춘 사람으로 변화할 수도 있다.

풀 쇼트(F.S)나 롱 쇼트(L.S)에서 피사체가 위치한 배경과 공간을 함께 표현했다면 이어지는 쇼트에서는 피사체의 표정, 행위, 모양 등을 명확하게 인지할 수 있어야 한다. 이러한 형태로 [풀 쇼트(F.S) → 클로즈업(CU) → 미디엄 클로즈업(MCU)]과 같이 이미지를 크기별로 이어 붙여 보면 피사체가 어떻게 표현되는 것인지를 확인할 수 있다.

고정 쇼트Fix shot가 기본이다

일단 쇼트를 구성했으면 고정 쇼트로 유지하자. 프레임 안에서 벌어지는 현상이 마음에 들지 않더라도 기다려야 한다. 이어지는 다음 쇼트로 이전 쇼트의 부족한 부분을 채우면 된다. 막연한 카메라의 움직임보다는 고정 쇼트를 연결하는 것이 영상의 안정감과 표현력을 극대화할 수 있다.

비슷한 이미지의 크기는 피하라

오히려 크기의 차이가 클수록 부드럽고 안정감 있게 연결되는 효과를 얻을 수 있다. 또한, 쇼트의 변화와 더불어 카메라의 각도와 피사체의 위치도 함께 고려해야 안정적인 쇼트의 연결이 가능하다.

모든 쇼트는 연결을 전제로 한다. 단, 관객의 상상이 허용되는 범위 안에서 이루어져야 한다. 만약 상황에 어울리지 않는 쇼트가 연결되면 관객은 그 장면을 혼란스럽게 느낀다. 그러므로 쇼트와 쇼트 사이에는 짙은 관계성이 요구된다.

지금 글을 쓰고 있는 나의 모습을 예로 들어 보자.

- 컴퓨터 책상 앞에 앉아서 키보드를 치고 있다. (F.S)
- 키보드 치는 것을 멈추고 잠시 생각에 잠겼다가 안경을 벗어 책상 위에 놓고 눈을 비빈다. (B.S)
- 계속해서 손가락으로 책상을 두들긴다. (C.U)
- 그리고 책상 위에 다리를 올리고 한숨을 내쉰다. (F.S)

각각의 쇼트는 하나의 조각에 불과하다.

네 개의 쇼트가 연결되었을 때

분명한 메시지를 전달하고

관객과 감정을 공유할 수 있다.

이 네 개의 쇼트를 연결해보자. 무엇이 상상되는가? 이것은 글을 쓰는 것이 잘 풀리지 않을 때 나오는 나의 행동이다. 이 장면에서 각각의 쇼트만으로는 의미를 파악할 수 없다. 쇼트가 연결되면서 장면을 이해하고 '힘들겠다.' 혹은 '안타깝다.'라는 감정을 느끼는 것이다. 특히 장면을 디자인하기 위해 쇼트의 변화는 필수이다. 이는 촬영의 구조화에서 기본적인 요소에 해당한다.

쇼트의 연결을
미리 그려보자

촬영 현장에 도착했다면 눈앞에 펼쳐진 광경을 차분히 살펴보자. 수많은 정보 중에서 무엇을 찍고 무엇을 버릴 것인가를 먼저 결정해야 한다. 이것은 촬영의 질서를 잡는 것이다. 촬영 대상과 내용이 결정되었다면 쇼트의 연결을 머릿속에 그려보자. 당신이 이야기를 구성하는 데 필요한 쇼트가 무엇이고 어떻게 연결할 것인가를 미리 구조화해보는 것이다. 쇼트의 연결을 이미지화하는 것은 실전 촬영에서 다양한 변수를 상수로 바꿀 수 있다.

편집하듯이
촬영하자

처음 촬영 시작부터 카메라로 편집을 한다고 생각해야 한다. 쇼트를 구성할 때 실제 편집에서 컷을 연결하는 자세로 촬영에 임하는 것이다. 편집 과정에서 당신이 지금 찍고 있는 쇼트와 가장 자연스럽게 연결되는 다음의 쇼트는 무엇인가를 생각해보자. 그러면 분명히 당신의 몸이 반응할 것이다. 카메라로 편집하는 방법은 현장에서 빠른 판단과 좀 더 나은 쇼트를 구성하는 훌륭한 방법이다.

공간의 재해석, 앵글

카메라는 절대 한곳에 오랫동안 머무를 수 없다. 당신의 피사체가 그것을 용납하지 않는다. 당신은 분명 피사체를 프레임 안에 가두려고 노력할 것이고 이를 위해 카메라의 위치와 각도를 조정할 수밖에 없다. 피사체가 아이들이라면 그들의 눈높이에서 카메라의 시점을 잡으려고 노력할 것이고 피사체가 나무 위에 달린 사과라면 사다리를 타고 올라가야 할 것이다.

혹시 카메라의 시점을 한곳에만 두고 있다면 당신은 너무 소극적인 촬영을 하는 것이다. 히어로 영화의 주인공처럼 당신의 주인공을 크고 웅장하게 표현하고 싶다면 극단적으로 카메라를 바닥에서 위를 향하게 해보라. 또는 압도적인 시점으로 공간을 설명하고 시각적인 답답함에 벗어나고 싶다면 공중에서의 드론 촬영이 어울릴 것이다.

수평 앵글(Eye-level Angle):
카메라와 피사체가 같은 높이에서 촬영하는 방법으로 가장 편안한 느낌을 준다.

로우 앵글(Low Angle):
카메라를 피사체보다 낮게 설치하여
아래에서 올려보는 앵글로 강력하고 웅장한 느낌을 준다.

하이 앵글((High Angle):
카메라의 위치를 높은 곳에서 내려 보는 앵글로 왜소하고 외로운 느낌을 준다.

사각 앵글(Oblique Angle):
카메라를 기울여 수평을 깨뜨리며 촬영하는 방식으로 불안한 느낌을 준다.

버즈 아이 뷰(Birds eye view):
수직 상공에서 압도적인 시점으로 상황이나 환경을 묘사하고
심리적 우월감, 신비로운 느낌을 준다.

피사체를 한곳에서만 바라보지 마라. 지금까지 피사체를 정면에서
만 바라보았다면 후면, 측면, 아래, 위에서 바라보고 피사체의 성격이
어떻게 달라지는지 확인해보라. 이것은 피사체를 바라보는 카메라의
위치뿐만 아니라 각도에도 해당한다. 피사체를 중심으로 당신이 표현
할 수 있는 공간은 360도 어디든지 가능하다.

카메라의 앵글은 공간의 재해석이다. 카메라의 앵글(시점)은 사건

이나 상황 속에서 공간에 대한 묘사의 폭을 확실하게 넓혀 준다. 프레임 안의 피사체는 공간 속에 존재하고 그 공간을 감독의 의도에 따라 카메라의 시점으로 구축하는 것이다. 그리고 카메라의 시점은 한곳에 머물러 있지 않고 계속해서 변화한다. 카메라 시점의 변화는 관객이 시각적으로 상황을 인식하는 데 영향을 미친다. 그리고 관객의 심리와 연동하여 이야기로 발전한다.

ADVICE

카메라의 각도는 최소 30도 이상 바꿔야 한다

프레임을 구성한 후 쇼트의 구조적 연결을 위해서는 카메라의 위치 및 각도도 함께 고려해야 한다. 특별한 의도가 있지 않다면 카메라의 각도는 이전 쇼트를 기준으로 최소 30도 이상 바꾸자. 이는 공간, 행동, 방향의 일치를 통해 쇼트의 연속성을 유지하는 방법이다. 편집의 자연스러움을 위해서는 이어지는 앵글의 변화는 필수적이다.

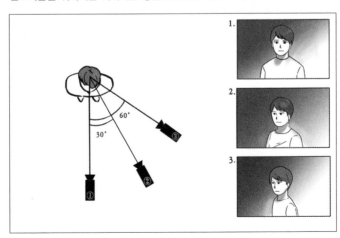

카메라의 움직임에는
이유가 있다

영상은 정지된 화면의 연속된 동작이기 때문에 프레임 안의 피사체는 대부분 움직이기 마련이다. 당신이 담고자 하는 피사체가 프레임 안에서 밖으로 움직인다면 카메라가 움직여야 할 이유는 명확하다. 이처럼 카메라를 움직여야 하는 목적은 관객의 궁금증 해소, 대상의 구체적 표현, 정확한 정보 전달 등의 관점에서 이뤄진다. 반대로 목적이 수반되지 않는 카메라의 움직임은 관객에게 어떠한 것도 설명할 수 없다. 오히려 쇼트의 안정감을 떨어뜨리고 관객의 시선도 흩트리는 역효과를 불러올 뿐이다. 당신이 카메라를 움직이는 것은 영상 표현을 위한 명확한 이유가 있어야 하는 것이다.

카메라 움직임의 범위 설정

현상에만 집중하여 카메라가 목적 없이 흘러가는 소위 '흐르는 쇼트'는 원칙을 무시한 무의미한 카메라의 움직임을 의미한다. 주로 장면을 구조화하고 디자인하기보다는 사실을 기록하는 것만을 목적으로 접근하기 때문에 벌어지는 현상이다. 카메라가 움직이고자 하는 방향, 속도, 범위를 미리 결정하라. 특히 카메라를 어디서부터 어디까지 움직일 것인가에 대한 범위를 설정하는 것은 명확한 쇼트를 구성하는 핵심이다.

- 움직임의 시작점과 끝점을 미리 결정한다.
- 움직임의 일정한 속도를 유지한다.
- 움직임을 최대한 부드럽게 표현한다.
- 움직임이 부자연스러우면 재시도한다.

카메라의 움직임은 삼각대 또는 핸드헬드^{hand-held} 등으로 표현한다. 핸드헬드 기법은 카메라를 삼각대에 고정하지 않고 손으로 들고 촬영하는 기법이다. 삼각대를 활용하는 것은 안정감은 확보할 수 있지만 모든 화면에 흔들림이 없어서 단조로운 느낌을 주고 화면의 긴장감을 떨어트리는 단점이 있다. 반면에 핸드헬드 기법은 화면의 단조로운 패턴에서 벗어나 현장성을 강조하고 생동감을 줄 수 있다. 특히 피사체의 움직임에 즉각적인 대응이 가능하고 카메라의 이동이 자유롭다는 장점이 있다. 중요한 것은 상황에 맞게 삼각대와 핸드헬드 기법의 활용을 구분하는 것이다. 또한 장르별로 활용도가 나눠질 수도 있다.

다음은 핸드헬드 기법에 필요한 요소를 정리한 내용이다.

화면의 흔들림에 익숙해져라

핸드헬드 기법은 감독의 명확한 의도를 화면을 통해 전달하기 때문에 촬영 전에 영상의 목적과 전달 방법 등을 자세히 분석한 후에 적용해야 한다. 영상의 시각화 과정에서 감독이 박진감과 현장감이 느껴지는 장면을 전달하고 싶다면 화면의 약한 흔들림은 관객의 심리적 반응을 일으키는 훌륭한 표현 방법이다.

양쪽 팔꿈치를 최대한 몸통에 붙여라

핸드헬드 기법에서도 피사체의 안정적 표현은 필수적이다. 이를 위해서는 촬영 자세가 무엇보다 중요하다. 양쪽 팔꿈치를 최대한 몸통에 붙여라. 몸통이 지지대가 되어야 한다. 단순히 팔에 의존한 촬영은 단 몇 분도 버티기 힘들다. 카메라 움직임의 경우 몸통의 회전을 활용해서 촬영하는 것이 쇼트의 안정감을 확보할 수 있다.

카메라의 원리를
알고 촬영하자

이 책은 카메라의 기능적인 요소를 알려주기 위한 책이 아니다. 하지만 영상을 촬영하는 데 가장 중요한 도구인 카메라의 기능을 익히는 것은 중요하다. 프레임을 구성하는 데 카메라에 대한 기능적인 개념이 없다면 촬영장에서 당신이 찍은 영상은 온통 오류투성이일 것이다. 이미지 처리를 위한 기능적 베이스가 중요한 이유이다. 만약 훌륭한 촬영 감독이 곁에 있다면 크게 문제 될 것은 없다. 하지만 당신이 알고 있는 것과 촬영 감독만 알고 있는 것은 분명 다르다. 당신도 카메라에 대한 기본적인 지식을 갖춰라. 그러면 영상으로 표현할 수 있는 폭이 훨씬 넓어질 것이다.

여기서 말하는 것은 카메라의 설명서에 있는 모든 기능을 섭렵하라는 의미가 아니다. 시중에 나와 있는 카메라의 종류만도 수백 가지는 될 것이다. 카메라마다 기능상의 특징은 조금씩 다를 수 있지만, 뷰파인더 안에 피사체를 표현하는 것은 같은 원리로 작동한다. 조작 버튼이 달라서 당신이 움직여야 하는 손가락의 위치만 조금씩 다를 뿐이다. 그것은 전혀 걱정할 필요 없다. 카메라를 계속 만지다 보면 금방 익숙해진다.

카메라는 뷰파인더 안에서의 세상만 표현할 뿐이다. 그 세상은 당신의 조작 방법에 따라 화면이 온통 희거나 검게 보일 수도 있고 색깔이 파랗거나 노랗게 보일 수도 있다. 아니면 초점이 안 맞아서 당신이 선명하게 보고 싶은 부분이 제대로 안 보일 수도 있다. 카메라로 표현한 세상이 내가 눈으로 보는 세상과 다르게 표현된다면 아무리 훌륭한 프레임을 구성한들 무슨 소용이 있겠는가?

ADVICE

반드시 알아야 할 카메라의 기능적 요소

적정 노출을 유지하자

노출(exposure)은 이미지에 반사되는 빛의 양을 결정해서 우리 눈에 사물을 인지할 수 있게 하는 카메라의 핵심적인 기능 중의 하나이다. 노출의 3요소인 조리개, 셔터 속도, 감도(ISO)의 상관관계를 이해하고 적정 노출을 결정해야 한다.

화면의 색감을 유지하자

카메라는 사람과 달리 빛의 색온도를 자동으로 인식할 수 없다. 화이트밸런스(white balance)는 광원의 종류에 따라 빛의 색온도가 달라져도 카메라가 흰색을 흰색으로 인식하도록 조절하는 것을 의미한다. 광원의 색온도 값을 외우고 광원과 촬영 환경에 맞는 색온도를 설정하면 자연스러운 색을

유지할 수 있다.(64쪽 참고)

피사체의 선명함을 유지하자

초점(focus)을 맞추는 것은 렌즈의 거리계를 돌려 촬영 대상이 선명하게 표현되는 지점까지의 거리를 선택하는 것이다. 이를 초점거리라고 부른다. 특히 초점이 맞지 않는 영상은 버리고 다시 찍어야 한다.

상황에 맞는 렌즈를 선택하자

렌즈는 촬영 대상에서 반사되는 빛을 모아 이미지센서에 화상을 맺게 하는 역할을 한다. 렌즈의 종류는 크게 표준, 광각, 망원 렌즈로 나뉘는데, 표준 렌즈는 사람의 시야각과 가장 비슷한 렌즈를 의미하고, 광각 렌즈는 표준 렌즈보다 초점거리가 짧은 렌즈로 화각이 넓고 원근감이 과장된다. 피사계 심도가 깊은 렌즈이다. 망원 렌즈는 표준 렌즈보다 초점거리가 긴 렌즈로 화각이 좁고 원근감은 축소된다. 초점거리별로 나눈 렌즈 중에 피사계 심도가 가장 얕은 렌즈이다.

관객에게 전달되는 모든 정보는 프레임 안에서만 의미를 찾을 수 있다. 카메라는 인간처럼 상황을 거시적으로 바라보고 그것을 미시적으로 판단할 수 있는 능력이 없다. 인간이 조종하는 프레임으로 감독의 생각과 철학을 전달하는 도구일 뿐이다. 만약 카메라를 조종하는 데 빛과 색, 선 등을 활용하는 능력이 없다면 프레임 안에 당신의 생각과 철학은 담아낼 수 없다. 카메라의 활용 능력을 높이는 방법으로 두 가지만 명심하라. 첫 번째는 카메라를 많이 만져볼 것. 두 번째는 카메라의 기능적 요소를 바꿔가면서 많이 찍어볼 것. 카메라의 활용 능력을 높이는 데 이것 이상 좋은 방법은 없다.

03 장면 설계 :
어떻게 촬영할 것인가?

장면이 이해가 안 되면 관객은 절대 반응하지 않는다. 영상은 관객이 '시각적으로 이해할 수 있음'을 전제하며 이는 명료하고 조직적인 시각적 처리의 결과이다. 그러므로 프레임 안의 다양한 시각적 요소는 관객의 자발적 인식이 가능하도록 구성되어야 한다. 영상은 말이 아닌 이미지로 표현하는 "Don't tell but show."(말하지 말고 보여줘.)의 과정이다.

장면 설계는 당신이 짜놓은 프레임의

조직적인 조각 모음이다.

관객에게
어디에 있는지 알려줘라

'프랑스' 하면 무엇이 떠오르는가? 센강의 유람선, 샹젤리제 거리, 에펠탑 등은 프랑스의 대표적인 명소이다. 나는 프랑스에 촬영하러 가면 세 명소는 반드시 촬영한다. 그리고 실제 프로그램에서 감성적인 샹송과 함께 이 명소들이 해당 장면의 도입부에 등장한다. 이러한 명소는 이제부터 내가 프랑스에서 무슨 이야기를 하리라는 것을 암시하는 것이다. 이것을 일종의 구축 쇼트 또는 설정 쇼트$^{establishing \, shot}$라고 하며, 이야기가 일어나는 공간에 대한 기본적인 정보를 제공하는 동시에 이야기의 시작을 알리는 쇼트이다.

설정 쇼트는 관객에게 이야기가 벌어지는 공간을 설명하고

장면의 시작을 알린다.

최고의 설정 쇼트는 장면의 분위기를 예측할 수 있어야 한다.

우리는 자신에게 벌어진 사건에 관해 이야기를 나눌 때 시간과 장소를 특정하면서 이야기를 시작한다. 예를 들면 이런 형태이다. "오늘 아침에 버스정류장에서…." 마찬가지로 서사적 구조를 가진 영상에서도 장면의 도입부에 장소를 반드시 특정해야 한다. 카메라의 프레임 안의 모든 피사체는 특정 장소에 놓여있다. 공간의 이해와 함께 이야기가 전개되는 것이다.

설정 쇼트는 내용의 구성에 구체적이고 직접적인 영향을 미치지는 않지만, 주로 영상의 도입부에 위치하여 앞으로 전개될 이야기에 대한 분위기를 미리 관객에게 인식시키는 기능을 한다. 또한, 영상의 중간에서 시간의 경과를 표현하고 분위기의 전환, 관객에게 공간을 재인식시키기 위한 용도로 설정 쇼트를 반복해서 활용할 수가 있는데, 이를 재설정 쇼트^{reestablishing shot}라고 한다.

관객은 매우 수동적이다. 어디에서 사건이 발생하는지도 모르는 이야기를 집중해서 볼 이유가 없다. 만약 설정 쇼트를 제공하지 않으면 관객은 공간의 혼동으로 인해 이야기를 이해하는 데 어려움을 겪을 수밖에 없다.

설정 쇼트에 정보를 담자

설정 쇼트를 단순히 사건이 벌어지는 장소의 외경으로만 생각하지 말자. 어느 노부부의 집을 방문한 영상에서 마당에 핀 많은 꽃을 보여준다면, 이 꽃은 행복한 노년을 즐기는 주인공의 삶을 예측해볼 수 있는 중요한 정보일 수 있다. 설정 쇼트에 함축된 정보를 담을 수 있다면 이야기의 시작을 알리는 진정한 설정이 가능하다.

시간을 표현하자

설정 쇼트에 시간과 계절을 표현하자. 새벽, 낮, 밤에 어울리는 설정 쇼트를 주변에서 찾으면 좋다. 새벽에는 화면의 톤을 푸르스름하게, 밤에는 처마 끝에 걸린 환한 보름달은 어떠한가? 또한, 봄에는 벚꽃을, 가을에는 단풍과 같이 계절을 상징하는 설정 쇼트는 이야기의 시작을 알리는 중요한 장치로 활용할 수 있다.

트레킹 쇼트도 의미 없이 찍지 말자

다큐멘터리나 탐사 프로그램에서 장소의 이동을 알리는 자동차 트레킹 쇼트도 정보를 담을 수 있다. 광주광역시로 이동한다면 광주가 표시된 교통표지판을 촬영하는 것이다. 이것은 광주로 이동해서 새로운 이야기를 시작할 거라는 정보를 담고 있다. 촬영에 단 몇 초의 작은 공만 들여도 좋은 설정 쇼트를 찍을 수 있다.

액션이 있으면
리액션도 있다

온 가족이 모인 거실에서 당신의 아들이 노래를 부르고 있는 장면을 촬영하고 있다고 가정하자. 만약 당신의 아들이 노래를 부르는 귀여운 모습에만 집중한다면 당신은 영상에서 중요한 것을 놓치고 있을지 모른다. 반면에 손뼉을 치고 있는 할머니, 흐뭇하게 바라보는 할아버지, 그리고 곁에서 노래를 따라 부르고 있는 여동생의 모습도 함께 촬영한다면 당신은 카메라로 장면을 설계할 수 있는 능력이 있다. 여기서 아들이 노래를 부르는 장면이 액션^{action}이다. 반면에 리액션 ^{reaction}은 아들이 노래를 부르는 행위에 의해 파생되는 다양한 장면을 의미한다.

액션과 리액션은 영상에서 장면 설계를 위한 기본 원리이다. 당신이 찍고 있는 피사체에 액션이 있다면 당연히 리액션도 있기 마련이다. 문제는 주인공의 액션을 프레임 안에 가둬두는 것에만 몰두하면 리액션을 놓치기 쉽다. 화면에 말하는 사람은 있는데 듣는 사람을 보여주지 않는다고 상상해보라. 얼마나 불친절한 영상인가? 주인공이 프레임 안에서 친구에게 손짓으로 인사를 했다면 이어지는 다음 화면에서 친구가 "안녕!"이라는 말과 함께 나타나야 한다. 프레임 안의 피사체의 행위는 다양한 쇼트로 촬영할 수 있다. 반면에 리액션은 주인공의 행위에 대한 상대방의 표정과 같은 심리 변화를 촬영하는 데 자주 쓰인다.

주인공의 시선이 향하는 곳에는

항상 리액션이 존재하기 마련이다.

액션과 리액션의 원리는 단순히 인물 간에만 국한되지 않는다. 인물과 사물 간에도 작동할 수 있다. 오히려 인물 간에는 행위자의 액션이 뚜렷하면 상대방의 리액션도 명확하게 나타난다. 하지만 인물과 사물 간에는 행위자인 인물에만 몰두하다 보면 현상이나 사물의 변화를 놓치는 경우가 벌어진다. 주인공의 행위와 시점으로 발생하는 모든 상황을 리액션으로 생각하라.

액션과 리액션의 원리는 인물과 사물간에도 작동한다.

주인공의 행위로 나타나는 모든 현상을 리액션 쇼트로 완성하라.

예컨대 주인공이 창밖의 무언가를 바라보고 있는 장면이라면 바라보고 있는 대상은 반드시 쇼트로 완성되어야 한다. 그것은 주인공의 주관적 시점으로 표현되는 시선 쇼트이자 주인공이 창밖을 바라보는 행위로 발생한 리액션이다.

관객의 관점에서 상황을 인지하는 데 영향을 미치는 리액션은 반드시 촬영해야 한다. 당신의 주인공이 프레임 안에서 행위를 하는 순간 그 행위의 반작용을 생각하고 리액션을 쇼트로 구성하라. 그렇지 않으면 장면을 설계하는 과정에서 어려움에 봉착할 수 있다.

ADVICE

인물의 표정이
보이게 찍자

장면은 주인공의 행동을 중심으로 움직인다. 주인공이 한가로이 공원 벤치에 앉아 있다면 여유 있는 표정을, 무언가에 쫓기는 다급한 상황이라면 초조한 표정을 구체적으로 담자. 상황을 묘사하는 데 인물의 표정만큼 훌륭한 표현 방법은 없다.

리액션을 놓쳤다면
나중에라도 촬영하자

만약 리액션을 제때 촬영하지 못했다면 가능한 범위에서 사건이 종료된 후에라도 찍어두는 것이 편집의 어려움을 조금이라도 해소할 수 있다. 이때는 출연자의 위치, 카메라의 위치 및 각도 등 방향성을 염두에 둬야 한다.

장면의 강조,
인서트

의학 드라마에서 환자의 위급한 상태를 알려 주는 장면에서 당신은 무엇이 연상되는가? 곰곰이 생각해보면 심전도 화면을 한 번쯤은 본 기억이 있을 것이다. 환자의 맥박과 혈압이 급격하게 떨어지는 것을 관객에게 보여줌으로써 환자의 위급한 상태를 강조하기 위함이다. 여기서 심전도 화면은 인서트 쇼트insert shot이다. 쇼트와 쇼트 사이에서 장면을 강조하는 역할을 한다.

촬영 과정에서 쇼트의 구성은 감독의 의도가 담긴 면밀히 계산된 행위이다. 이러한 쇼트는 이야기의 흐름 속에서 각자의 역할을 하고 서로 연결되면서 이야기를 형성하고 관객의 호응을 얻는다. 인서트 쇼트는 감독이 자신의 의도를 함축적으로 계산해 배치하는 대표적인 쇼트이다. 인서트 쇼트는 영상 전체로 보면 하나의 쇼트에 불과하지만,

그 쇼트가 중요 정보를 제공하고 이야기의 전체 흐름을 좌우하는 복선으로 활용되기도 한다. 또한, 새로운 정보를 관객에게 제공하거나 특정 쇼트를 강조하여 장면의 특별한 분위기를 조성하기 위한 목적으로도 자주 사용한다.

정보를 위한 인서트 쇼트

일반적으로 활용되는 인서트 쇼트로 이야기의 흐름 속에서 관객들이 꼭 알아야 하는 필수 정보를 독립적인 쇼트로 표현하는 것이다. 정보를 위한 인서트 쇼트는 이야기의 중요한 단서를 제공하고 관객에게 이야기의 방향을 암시한다. 또한, 관객이 필수적으로 인지해야 하는 일종의 메시지를 전달하는 역할을 한다.

몇 년 전 고시원에서 공무원 시험을 준비하는 사람의 하루를 들여

다본 적이 있다. 고시원 책상에 놓인 수면제, 항상 손에 들고 다니는

반쯤 찢어진 영어 단어 종이, 책상 곳곳에 붙어있는 포스트잇, 시간의 중요성을 알리는 시계 등은 그 청년의 현재 삶을 단적으로 표현하면서 관객들이 놓쳐서는 안 되는 필수 정보이다.

강조를 위한 인서트 쇼트

화면의 특정 동작이나 상황을 강조하기 위해 삽입한 쇼트를 뜻한다. 인서트 쇼트가 없더라도 장면을 이해하는 데에는 별다른 지장이 없으나 인서트 쇼트를 삽입함으로써 이야기의 의도가 명확해지는 효과가 있다.

다음의 장면을 살펴보자. 아들과 아버지의 어색한 관계 속에서 아들의 특정한 동작이 미묘한 분위기를 강조한다.

아들은 아빠의 눈치를 살피면서 어렵게 아빠에게 질문을 던진다.

아들	아빠 게임 해도 돼요?
아빠	(퉁명스럽게) 게임 해!
아들	(아들은 쭈뼛대면서 게임은 하지 않는다.)
아빠	(퉁명스러운 말투로) 게임 해! 왜 안 해?
아들	(한참을 망설이다가 아들은 게임 하는 것을 포기한다.)
	게임 안 할래요. 갑자기 게임 하기 싫어졌어요.
아들	(아들은 TV만 주시하고 쉴 새 없이 손을 배배 꼬는 동작을 반복한다.)

아빠와 아들의 어색함이 대화 속에서도 표현되지만

아들의 표정과 함께

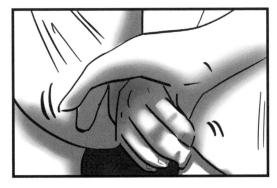

손동작을 단독 쇼트로 구성함으로써 어색한 상황을 강조한다.

여기서 아들의 손동작을 보여주는 것은 부자간의 어색함을 강조하는 인서트 쇼트이다. 특정한 액션을 강조하는 쇼트를 중간에 삽입함으로써 상황이 명확해지고 부자간 소통의 문제를 강조하는 역할을 한다.

ADVICE

주인공의 행동을
유심히 살피자

인서트 쇼트는 주인공이 처한 상황이나 주변에서 찾을 수 있다. 예를 들어, 주인공이 약속 시간을 맞추기 위해 서둘러 운전하는 장면을 촬영한다면, 주인공은 주행 속도를 높이고 끼어들기를 하고 계속해서 시간을 확인할 것이다. 속도를 높이는 장면은 계기판을, 끼어드는 장면은 백미러를, 시간을 확인하는 장면은 차량 내부의 시계를 보여주고 주인공의 다급한 표정을 중간중간 삽입하면 주인공이 약속에 늦어서 서두르고 있음을 표현할 수 있다.

가능한 많은
인서트 쇼트를 찍자

인서트 쇼트는 상황에 따라 얼마든지 변경되고 또한 감독의 예측에서 벗어나는 경우도 많다. 다양한 인서트 쇼트를 찍어두면 편집 과정에서 다양한 옵션을 쥐고 있는 것과 같다. 편집의 다양성은 물론이고 그 장면에 적합한 인서트 쇼트 하나가 장면의 리듬감을 살리기도 하고 때로는 이야기를 풍성하게 만들기도 한다. 반대로 최악의 상황은 인서트 쇼트가 부족해서 편집자가 쇼트의 연결에 유연성을 갖지 못하는 것이다. 항상 주변을 살펴보자. 이야기의 흐름 속에 녹일 수 있는 인서트 쇼트는 많을수록 좋다.

16

쇼트의 이음매,
컷 어웨이

컷 어웨이 쇼트$^{\text{cut away shot}}$는 화면의 연속성을 파괴하지 않고 유기적인 연결을 위한 쇼트이다. 쇼트와 쇼트 사이에 삽입한다는 의미에서 인서트 쇼트와 구분이 모호하여 제작 현장에서는 인서트 쇼트로 통칭해서 부르기도 한다.

다음의 예를 살펴보자. 주인공이 캐리어를 끌고 이동한다. 만약 카메라가 쇼트의 변화 없이 주인공을 팔로우 쇼트$^{\text{follow shot}}$(카메라가 피사체의 움직임을 따라가면서 촬영하는 기법)로 촬영했다면 이 장면을 편집하는 당신은 '어디까지 따라가는 거야!' 혹은 '도대체 어느 지점에서 자르라는 거야!'라며 어려움을 호소할 것이다. 이 팔로우 쇼트 하나만으로는 동작의 연속성, 시간의 압축, 공간의 이동 모든 것이 불가능하다. 예컨대 이 장면에서는 이동하는 캐리어의 바퀴를 독립적인 쇼트

로 구성해 넣으면 관객의 혼란 없이 시간을 단축하고 공간을 이동할
수 있다.

주인공을 언제까지 쫓아갈 것인가?

주인공의 표정에서 여행의 즐거움이 표현되었다면

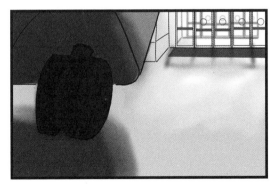

컷 어웨이 쇼트를 중간에 삽입하여 시간을 압축하고

장면의 박진감을 선사해야 한다.

캐리어를 끌고 이동하는 주인공의 모습(팔로우 쇼트) → 캐리어 바퀴(팔로우 쇼트 + 컷 어웨이 쇼트) → 주인공의 표정(팔로우 쇼트 + B.S) → 캐리어를 끌고 멀어지는 주인공(고정 쇼트, F.S)의 모습으로 연결하면 주인공이 이동하는 장면에서 화면의 연속성을 파괴하지 않고 몇 개의 쇼트로 압축하여 표현할 수 있다.

영상에서 무의미한 쇼트를 나열하는 것은 피해야 한다. 특히 긴 시간 동안 연속된 동작을 반복적으로 노출하는 것은 관객에게 엄청난 지루함을 유발한다. 또한, 지나친 롱테이크(하나의 쇼트를 길게 촬영하는 방법)도 관객의 집중도를 떨어트릴 수 있다. 쇼트가 짧을수록 관객에게 전달하는 정보는 늘어난다. 그리고 화면의 박진감과 긴장감을 조성하는 데 유리하다. 관객은 모든 내용에 열광하지 않는다. 핵심적인 내용에 반응할 뿐이다. 장면의 설계에서 하나의 컷 어웨이 쇼트가 핵심을 말하는 데 중요한 도구로 활용될 수 있다.

**편집에서
후회할 일을
만들지 말자**

편집을 하다 보면 한 컷을 몇 시간 동안 붙잡고 있는 때도 있다. 보통은 '중간에 이런 컷 하나만 있으면 부드럽게 연결될 거 같은데…'라는 생각이 대부분이다. 정말 필요한 한 컷이 아쉬운 것이다.

편집 과정에서 후회하지 않으려면 컷 어웨이 쇼트를 의식적으로 촬영해 두자. 다양한 컷 어웨이 쇼트를 예비용으로 촬영해 놓는다면 편집 과정에서 분명 유용하게 쓰일 수 있다.

당신의 카메라는
CCTV가 아니다

CCTV는 매번 같은 위치에서 감시의 목적으로 시간을 기록한다. 그런데 CCTV 영상은 범죄의 단서를 제공하는 중요한 역할을 하지만, 영상의 구체성과는 거리가 멀다. 그 이유는 움직이지 않기 때문이다. 그렇기에 TV 뉴스나 탐사 프로그램 등에서 등장하는 CCTV 영상은 보이는 화면만으로 구체적인 내용을 전달하기에 어려움이 있고 별도의 편집이 필요하다. 범죄의 현장이 CCTV에 찍혔다면 범행의 구체적인 상황은 전문가의 도움으로 화면을 아주 면밀하게 분석하는 것으로 설명할 수 있다. 탐사 프로그램에서는 재연이라는 장치를 활용하여 내용의 본질에 접근한다.

당신이 손에 든 카메라를 CCTV처럼 활용하지 마라. 아들과 딸이 거실에서 신 나게 춤을 추고 있다면 소파에 앉아서만 찍을 것인가?

계속해서 몸을 움직여 쇼트에 변화를 주고 좋은 위치와 각도를 찾아라. 이것은 아들과 딸의 행동을 섬세하게 묘사하거나 표정을 살리기 위한 가장 훌륭한 방법이다. 보통의 초보자들은 촬영 거리를 조정하면 피사체에 방해된다고 생각하거나 피사체에 다가가는 것이 부담스러워서 카메라의 줌 기능을 활용한다. 그보다는 몸을 움직여서 쇼트를 구성하라. 그리고 피사체에 접근하는 것을 두려워하지 마라.

훌륭한 프레임을 구성하는 것은 감독의 의도가 반영되어야 하지만 의도의 표현은 촬영자의 발에 의해 결정된다. 상황을 어떻게 보여줄 것인가? 촬영 과정에서 전부는 아니라도 절반이라도 관객의 입장이 되어보라.

교통사고 현장이 궁금하다면 당신의 발이 해결해 줄 수 있다.

지나가다 교통사고 현장을 카메라로 촬영한다면 촬영자의 접근 방법에 따라 영상 표현은 완전히 달라진다. 현상 위주의 방관자적인 입장에서 바라보면 멀찌감치 떨어져서 구경거리 정도로 표현하고 말 것이다. 반대로 관객의 입장에서 본다면 주도적으로 몸을 움직여 사람은 얼마나 다쳤는지? 교통사고가 난 배경은 무엇인지? 차가 어떻게 부딪쳤는지? 이와 같은 많은 의문과 관련한 정보를 관객의 입장이 되어 전달할 수 있다. 움직일 수 있는 환경이라면 당신의 발로 표현의 거리를 만들어라. 촬영장에서 몸을 움직이지 않고 얻을 수 있는 것은 아무것도 없다. 몸을 움직이는 것을 귀찮게 생각하는 순간 당신의 프레임에 고스란히 귀찮음이 표현될 것이다. 단, 주의할 점은 당신의 부산스러운 움직임이 장면의 분위기를 깨뜨려서는 안 된다.

ADVICE

몸을 움직이면 편한
네 가지 이유

멀리 있는 물체를 망원경으로 바라보는 것과 눈앞에서 보는 것에는 어떤 차이가 있을까? 당연히 눈앞에서 보는 것이 피사체를 훨씬 더 정교하고 섬세하게 바라볼 수 있다.

영상의 표현은 관객의 심리와 연동한다. 멀리 보이는 물체는 가깝게 보고 싶고, 오른쪽 면만 보여주면 왼쪽 면이 궁금하기 마련이다. 관객이 원하는 영상을 표현하는 단 하나의 조건은 당신의 몸이 움직여야 한다는 것이다. 몸을 움직이면 얻을 수 있는 효과는 많다.

① 피사체를 안정적으로 표현할 수 있다

줌 기능을 사용하면 카메라의 흔들림이 심해진다. 카메라의 줌 기능을 사용하지 말고 완전한 와이드 상태로 두자. 대신에 몸을 움직여서 피사체에 접근하면 안정감 있는 프레임을 구성할 수 있다.

② 피사체를 원하는 위치와 각도에서 표현할 수 있다

몸을 움직여 원하는 위치와 각도에서 촬영하면 피사체의 질감을 세밀하게 표현할 수 있다.

③ 피사계 심도를 얕게 표현할 수 있다

촬영 거리가 짧을수록 피사계 심도는 얕아지고 입체감 형성에 유리하다.

④ 오디오의 수음이 쉽다

피사체와의 거리가 가까울수록 주변 소음은 줄어들고 또렷한 오디오를 수음할 수 있다.

초점 거리와 촬영 거리

카메라와 피사체 간의 거리감은 초점 거리와 촬영 거리로 표현할 수 있다. 초점 거리는 렌즈와 이미지 센서 면까지의 거리를 말하며, 우리가 익히 알고 있는 줌 인과 줌 아웃은 피사체를 촬영하기 위한 초점 거리의 변화를 의미한다. 촬영 거리는 초점면이 형성된 피사체와 카메라까지의 거리를 말하며, 이것은 촬영자의 발에 의해 거리가 결정된다.

피사체를
과감하게 내보내라

고정된 물체를 찍는 것을 제외하고 피사체 대부분은 프레임 안에서 끊임없이 움직인다. 영화나 드라마와 달리 피사체의 움직임이 감독의 의도에 따른 행위가 아니라면 움직이는 피사체를 프레임 안에 계속 잡아두는 것은 정말 피곤한 일이다. 예컨대 카페에서 두 사람이 커피를 마시고 있는 장면을 설정해보자. 두 사람의 대화 장면을 찍는 도중에 갑자기 한 사람이 일어나서 카페를 나간다면 카메라의 프레임은 어떻게 작동해야 하는가? 일어나는 사람을 카메라의 시선으로 따라갈 것인가? 아니면 그냥 프레임 밖으로 내보낼 것인가? 두 가지 방법 모두 틀린 것은 아니다. 촬영자가 의도하는 시각적 처리의 결과일 뿐이다.

문제는 피사체의 움직임에 지나치게 예민한 반응을 보이는 것이다. 피사체는 필연적으로 프레임 안에서 움직이기 마련이다. 피사체의 모든 움직임에 예민하게 반응하면 촬영의 질서를 잡는 데 어려움을 겪게 된다. 시간의 경과와 공간의 이동을 위한 의도라면 피사체를 프레임 밖으로 과감하게 내보내라.

예를 들어 퇴근하는 직장인이 엘리베이터를 타고 집으로 가는 장면을 촬영한다고 해보자. 일반적인 촬영의 순서는 다음과 같다.

직장인의 이동 동선에 따라가는 팔로우(Follow) 촬영 ➡ 엘리베이터를 기다리는 직장인 버스트 쇼트(MCU) ➡ 움직이고 있는 엘리베이터 숫자 표시 창 클로즈업(CU) ➡ 직장인이 엘리베이터에 타서 문이 닫히는 장면(F.S)

이러한 순서대로 컷이 연결된다고 하면 엘리베이터의 문이 닫히는 순간 직장인은 자연스럽게 프레임 아웃된다. 그 이후 쇼트는 곧바로 집안에서의 상황으로 이어질 수 있다. 시간과 공간의 흐름을 압축하는 것이다. 또한, 표현의 폭이 넓어져 쇼트의 선택에 대한 부담감도 줄어든다.

영상에서 컷의 연속성은 중요한 개념이지만

연속성만 지나치게 추구하면 지루함을 유발한다.

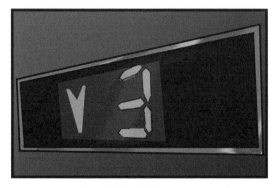

적절한 컷 어웨이 쇼트와

프레임 아웃은 시공간을 빠르게 압축하여

부드럽게 시간의 경과와 공간을 이동할 수 있는 기법이다.

단순한 쇼트의 나열로 무언가를 장황하게 설명하는 습관을 버려라. 쇼트의 연결에서 중요한 것은 어떻게 정보를 압축하고 요약하여 관객에게 전달하느냐의 문제이다. 프레임 아웃frame out은 부드럽게 시간과 공간을 압축할 수 있는 유용한 촬영 기법이다. 모든 피사체를 프레임 안에 잡아둬야 한다는 생각을 버리면 촬영이 편해진다.

장면의
연속성 유지

피사체의 프레임 아웃은 장면의 종결을 의미하지 않는다. 오히려 장면의 연속성을 위한 촬영 기법이다. 이어지는 쇼트와의 관계성을 고려하자. 예를 들어 주방에서 한참 동안 요리를 하던 주인공이 그릇을 들고 프레임 아웃이 된다. 다음의 장면은 무엇이 연상되는가? 바깥 장독대에서 그릇에 된장을 푸는 장면이 이어진다면 누구나 이해하는 부드러운 연결이다. 이와 달리 갑자기 거실에서 커피를 마시고 있는 장면으로 연결된다면 관객들은 당연히 혼란스러울 것이다. 프레임 아웃은 시간과 공간을 압축하는 훌륭한 효과가 있지만, 장면의 연속성을 유지하기 위한 촬영 기법이라는 것을 잊지 말자.

방향성의 일치

주인공이 움직이고 있는 방향은 이어지는 다음의 쇼트에서도 같은 방향을 유지해야 한다. 만약 주인공이 오른쪽으로 프레임 아웃(frame out)된 후에 다음의 쇼트에서 주인공이 프레임 인(frame in)으로 들어온다면 방향성을 일치시켜 왼쪽에서 들어와야 한다. 하지만 주인공이 프레임 아웃되었다고 해서 반드시 프레임 인으로 들어올 필요는 없다. 시간과 공간을 압축한 후 쇼트와 앵글의 제한 없이 다음 장면으로 이어져도 영상의 흐름에는 별 지장이 없다.

시각적 표현만큼
청각적 표현도 중요하다

우리의 뇌는 매우 똑똑하다. 특정 장면을 떠올릴 때 시각과 청각을 조절하여 장면의 분위기를 연상하는 능력이 있다. 감각의 반응 속도는 청각이 시각보다 더 빠르고 정교하다. 그런데 문제는 카메라는 인간의 뇌가 아니라는 것이다. 그러므로 시각적 표현만큼 청각적 표현에도 주의를 기울여야 한다.

만약 당신이 숲속의 아침을 촬영한다면 대부분 평온한 분위기를 연상하고 실제로 그렇게 묘사할 것이다. 그런데 숲속 아침의 평온함은 시각적으로만 표현될 수 없다. 오히려 시각적 풍경보다는 청각이 효과적일 수 있다. 새들이 우는 소리, 나무가 바람에 흔들리는 소리 등이 이미지와 함께 전달되었을 때 관객이 느끼는 감정은 증폭될 수 있다. 도시의 복잡함을 표현하는 데 자동차 경적, 구급차 소리는 무엇을 의미하는가? 또는, 공포감과 긴장감을 조성하는 장면에서 청각적 표현이 억제된다면 어떻겠는가? 관객의 감정은 장면에 맞게 적절한 소리가 가미되었을 때 훨씬 더 고조된다.

이처럼 영상 언어에서 소리는 이미지와 더불어 중요한 의미 전달 체계이다. 영상에서 청각적 요소는 인위적 소리와 자연적 소리로 구분할 수 있다. 인위적 소리는 대사, 내레이션, 인터뷰, 음악, 효과음 등으로 감독의 의도에 따라 만들어진 소리이다. 자연적 소리는 주로 촬영 현장에서 직접 녹음되는 현장음을 말하는데, 물체나 사람의 소리에서 발생하는 사실음을 의미한다. 이는 영화나 드라마에서 시나리오에 의해 전달되는 배우의 대사와는 분명히 구분된다. 또한, 제작 현장에서 인위적인 결과로 나타나는 인터뷰, 리포트, 내레이션 등과도 구분되는 개념이다. 두 사람 간의 대화를 촬영하는 과정에서 나오는 사람의 소리는 현장음이다. 하지만 감독이 대화 과정에 개입하여 질문해서 나오는 답변이라면 이것은 현장음이 아닌 인터뷰의 소리이다. 이처럼 영상의 청각적 표현은 인위적 소리와 자연적 소리의 적절한 혼합을 통해 전달된다.

사실적 표현, 현장음

촬영 과정에서 자연적 소리인 현장음^{SOV, sound of video}은 현장의 분위기를 전달하는 데 매우 중요한 의미가 있다. 촬영 과정에서 정보를 전달하는 방법으로 흔히 인터뷰를 많이 이용한다. 그런데 전개되는 상황이나 사건 속에서 노출되는 직접적인 현장음으로 정보가 전달된다면 영상의 현장성은 배가되고 영상의 단절감도 피할 수 있다.

단순히 현장음을 영상에 따라오는 부수적인 요소로 인식하지 말라. 이미지는 앵글과 쇼트, 움직임, 피사체의 위치 등 다양한 영상 문법적 요소에 의해 표현할 수 있지만, 현장음은 그렇지 않다.

시장의 소리는 소음이 아니라 현장감 있는 사실음이다.

시장의 풍경을 촬영하는 것을 예로 생각해보자. 시장 곳곳에서 보이는 활기찬 장면을 통해 생생한 삶의 현장을 표현하는 것이 목적이다. 이를 위해서는 시장의 소리를 시각적 표현의 과정에서 따라오는 부수적인 결과물로 생각해서는 안 된다. 만약에 촬영 과정에서 시장의 소리를 소음으로 규정하면 소리의 구체적 표현은 불가능하다. '시장의 소리는 소음이다.'라는 인식은 촬영 현장에서의 소리는 배제하고 다른 인위적 소리의 활용을 의미한다. 하지만 이것은 활기찬 시장을 표현하고자 하는 처음 의도와는 다른 결과를 가져올 수 있다. 카메라에 의해 표현되는 요소 중에서 이미지만이 아닌, 소리도 분명 표현해야 하는 영상의 주체라는 인식이 필요하다.

오디오 사고는
곧 재촬영이다

시각적 표현에만 신경을 쓰면 소리는 자동으로 담길 거라고 확신하면 위험하다. 그것은 아무도 장담할 수 없다. 중요한 장면을 촬영하는데 소리에 기능적 사고가 발생했다면 정말 끔찍한 일이다. 만약 카메라의 앵글이나 쇼트가 잘못되었다면 분명 당신은 다시 촬영할 것이다. 그것은 오디오가 잘못되었을 때도 마찬가지이다. 오히려 오디오 사고가 더 큰 문제이다. 이어폰으로 현장의 소리를 들으면서 촬영해야 한다. 그리고 화면을 모니터링할 때 오디오도 제대로 녹음되었는지를 반드시 확인하자.

외장 마이크를
사용하자

영상에서 소리를 녹음하는 방법은 카메라의 내장 마이크를 이용하는 것, 카메라에 외장 마이크를 설치하는 것 그리고 카메라와 별개로 외부 녹음 장비를 사용하는 것이다. 이 중에 가장 안 좋은 방법은 카메라의 내장 마이크를 사용하는 것이다. 음질이 문제가 될 것이기 때문이다. 내장 마이크는 당신이 듣고 싶어 하는 소리뿐만 아니라 주변에서 흘러나오는 모든 소음까지 수음한다. 심지어는 카메라 내부의 기계적 소음까지도 수음한다.

소리 녹음은 외장 마이크를 적극 활용하자. 촬영 대상이 많지 않다면 무선 마이크가 효과적인 방법이다. 반대로 여러 사람을 촬영해야 한다면 카메라에 설치해서 사용하는 지향성 마이크 또는 붐 마이크를 활용하는 것도 좋은 방법이다. 여기서 주의할 점은 외장 마이크는 거리와 방향에 따라 주변 소음의 정도가 달라지기 때문에 가까운 거리에서 촬영할 때 사용하는 것이 좋다. 최근에는 카메라와 별개로 외부 녹음 장비를 활용하는 방법 등 오디오의 중요성이 매우 강조된다. 촬영 환경에 따라 최적의 소리를 수음하는 방법을 찾는 것이 중요하다.

피사체와의 관계를
표현하라

유력 정치인의 유세 현장을 하루 동안 따라다니면서 촬영한 적이 있다. 정치인의 유세 현장은 특별한 상황이 있지 않은 한 장소를 계속 옮겨 다녀도 매번 전하는 메시지와 행위는 비슷하다. 몇 번씩 비슷한 장면을 계속 찍고 있는 것도 사실 고역이다. '뭐 찍을만한 특별한 것이 없나?'라는 생각으로 주변을 둘러보니 할머니 한 분이 눈에 들어왔다. 그 할머니는 시장 바닥에 앉아서 바지락을 까고 있었다. 유세 현장의 소음에도 그 할머니께서는 자기 일만 하고 있었다. 물론 정치에 관심이 없거나 정치적 성향이 다를 수도 있다. 그렇더라도 그 할머니의 생각이 궁금했다. 인터뷰는 극구 사양했지만, 할머니의 모습은 카메라에 담을 수 있었다. 특히 자기의 일에만 몰두하는 할머니의 어깨너머로 정치인을 바라보는 장면은 소시민에게 정치가 갖는 의미를 전달하기 위한 전략적 프레임이었다.

모든 프레임에는 행위나 현상이 담겨 있다.

그리고 그 프레임과 관계가 있는 대상이 존재하기 마련이다.

관계 속에 내포된 의미를 전략적 프레임으로 구성하라.

영상에서 앵글과 쇼트는 관객에게 감정을 불어넣고 이야기로 흡수시키는 강력한 효과를 발휘한다. 그래서 장면의 이해는 관객과 피사체 간의 일체감 형성이 무엇보다 중요하다.

예컨대 영화나 드라마의 대화 장면에서 상대방의 어깨너머로 찍는 쇼트^{O.S, over the shoulder shot}는 관객과 피사체 간의 관계를 표현하는 대표적인 쇼트이다. 카메라를 상대방의 어깨너머로 배치하여 관객이 주인공의 앞에 앉아있는 것처럼 유도함으로써 상황의 이해도를 높일 수 있다. 관객에게 장면 속 인물 간의 관계를 상기시키고 서로 연결되어 있다는 새로운 관점을 제공하는 것이다. 또한, 어깨너머 쇼트는 여러 명의 인물 속에서 관객이 대화의 상대를 추적하기 힘든 경우, 시선과 위치를 명확히 하는 효과가 있다. 이것은 인물을 단독 프레임으로 묘사하는 것과는 쇼트의 연결에서 큰 차이를 나타낸다.

어깨너머 쇼트는 관객의 관점으로 바라보는 쇼트이다.

인물이 누구를 바라보는지 관객에게 정확한 시선을 유도함으로써

관객의 이해도와 집중도를 높인다.

영상에서 장면 대부분은 인적 요소 간의 관계 속에서 사건이 전개된다. 피사체를 단편적인 시각으로 바라보는 순간 표현의 깊이감은 사라진다. 영상 속에 당신의 생각을 전달하고 싶다면 벌어지는 현상 속에서 다양한 관계를 장면으로 설계할 수 있어야 한다. 그 관계는 당신이 보지 못하는 곳에 숨겨져 있다. 만약 당신이 무언가를 열심히 찍고 있는데 현상만을 설명하고 있다고 느껴지면 그 순간 주변을 살펴보라. 그리고 그 현상과 관계를 맺을만한 인물 또는 사물을 찾아보라.

그때가 당신이 장면으로 의미를 전달하는 또 다른 지점이 나타나는 순간일지 모른다.

A D V I C E

사물 너머로
인물을 표현해보자

피사체와 관계성이 짙은 사물을 프레임 안의 일정 부분에 위치시키고 그 물체의 너머로 피사체를 표현하는 방식이다. 누군가가 모니터 화면을 보고 있다면 모니터 상단의 모서리 너머로 인물을 표현하면 모니터를 바라보는 인물의 행위나 감정을 한 컷에 함축할 수 있다. 이 쇼트는 관계성이 짙은 사물을 걸어서 찍는 형태로 의미 전달의 확장과 더불어 영상미의 관점에서도 무게감을 더할 수 있는 촬영 기법이다.

살아 움직이는 것처럼
찍자

광화문 광장의 이순신 장군 동상은 당연히 움직임 없이 항상 그 자리에 서 있다. 만약 당신의 프레임이 이순신 장군 동상에만 집중한다면 사진과 다를 것이 없다. 주변을 살펴보라. 견학 온 학생, 동상을 배경으로 사진 찍는 사람들, 달리고 있는 자동차 등 살아 움직이는 많은 것들이 당신의 프레임에 들어올 것이다. 그것들과의 관계를 표현하여 이순신 장군 동상을 촬영한다면 영상의 생동감은 완전히 달라진다.

생물이든 무생물이든 프레임 안에 긴장감과 생동감이 살아 있어야 한다. 삼각대를 세워놓고 네모반듯한 프레임 안에 대상의 생동감마저 없다면 그것은 죽은 그림이다. 분명한 것은 그렇게 찍은 영상 대부분은 편집에서 버려진다는 것이다.

이미지의 함축,
메타포

몇 해 전 노량진 학원가에서 청년들의 삶을 취재하는 도중에 길거리에 장미꽃이 꽂힌 연탄재를 발견한 적이 있다. 그냥 지나칠 수 없는 장면이었다. 당신은 어떠한 상상이 되는가? 다 타버린 연탄재가 지쳐있는 청년들을 은유적으로 표현했다면 그 속에 꽂힌 장미꽃은 타버린 연탄재 속에서도 희망을 놓지 말라는 의미이지 않았을까? 이 광경은 내가 의도한 것은 아니지만, 연탄재라는 소재를 활용해 현재 청년들의 삶을 독창적인 형식으로 배치한 은유적 표현이다.

감독의 의도에 따라서는 사실의 묘사와 더불어 카메라의 프레임에 관객이 상상하고 해석할 수 있는 여지를 남겨두는 것도 관객의 감흥을 불러일으킬 수 있다. 영상에서 은유적^{metaphor} 표현은 단순한 기계적 연결에서 벗어나 가공된 프레임에 의해 이야기를 전달하는 전략적 방안으로 작동한다. 영상의 은유적 표현을 위해서는 감정의 직접적인 전달보다는 이야기의 포괄적 이해와 더불어 하나의 프레임으로 의미를 함축하고 스토리에 공감을 불러오는 창의적인 해석 능력이 필요하다.

카메라는 현실만을 대변하기 때문에 세상에 존재하는 모든 사실을 객관화한다. 은유적 표현은 단순히 사실의 객관화에서 벗어나 감독의 주관적 해석으로 인물이나 사물의 감정, 느낌, 의미 등을 묘사할 수 있는 예술적 표현 방법이다.

가끔은
물러나서 바라보라

영상 촬영의 과정은 평소 나와 관계가 없는 사람과의 만남이 대부분이다. 그것이 우호적인 만남이든 아니든 상관없다. 분명한 것은 그들에게 카메라는 부담스러운 물건이라는 것이다. 카메라는 행복하고 즐거운 장면만을 기록하는 것은 아니다. 조금은 불편하고 감정을 드러내야 하는 상황에서도 모든 순간을 기록한다. 특히 일반인이 카메라 앞에서 감정을 드러내거나 자신의 일상을 드러내는 것은 말처럼 쉬운 일은 아니다. 모르는 사람이 카메라로 나를 비추고 있는데 오죽하겠는가? 그런데 스토리텔링 과정에서 보자면 감정의 고조 혹은 긴장감을 조성하는 상황은 극적 효과를 생성한다. 감독으로서는 놓치고 싶지 않은 장면일 수 있다.

그렇다면 이 상황에서 당신의 카메라는 어떻게 해야 하는가? 예컨대 가족 간의 재산 문제로 다투고 있는데 카메라가 그 공간을 헤집고 다닌다고 상상해보라. 당신이 카메라를 들고 움직이는 순간, 그 장면의 현장감은 온데간데없이 사라질 것이다. 또한, 부부가 평안한 분위기에서 클래식 음악을 듣고 있는데 카메라가 갑자기 이동하면 부부의 시선은 움직이는 카메라로 향할 것이다. 그 순간 분위기는 완전히 파괴되는 것이다. 자칫 잘못하면 당신의 카메라가 장면의 절정을 방해할 수 있다.

막말로 감독은 눈치로 먹고사는 사람이다. 이야기에 집중하고 분위기를 살펴보라. 어느 순간 그 공간에 카메라가 있으면 이야기가 더는 전개가 안 될 거 같다는 것을 직감할 수 있다. 그때는 카메라를 이동하라. 카메라가 물러난 후 본격적인 장면이 펼쳐지면 당신이 카메라를 가지고 할 수 있는 일은 많지 않다. 다양한 앵글과 쇼트로 구체적으로 표현할 수도 없고 영상을 미학적으로 표현할 수도 없다. 당신이 할 수 있는 것은 카메라의 녹화 버튼을 눌러 주인공의 행동, 표정, 말을 그 자리에서 최대한 단순하면서도 세련되게 기록하는 것뿐이다. 그리고 당신이 해야 할 일은 이야기에 집중하면서 카메라가 다시 공간으로 들어갈 타이밍을 잡는 것이다. 카메라를 언제 움직일 것인가는 아무도 모른다. 그 자리에 있는 당신만 알 수 있다. 확실한 것은 장면이 절정으로 치닫는 순간은 아니라는 것이다.

가끔은 물러나서 분위기를 살펴보라. 그리고 감정이 고조되면 되도록 주인공의 시선에 띄지 마라. 주인공이 카메라를 의식하는 순간 분위기는 파괴된다. 오히려 상황을 물러나서 바라보면 표현의 구체성은 떨어질 수 있으나 당신이 미처 상상하지 못한 상황을 발견할 수 있다.

상황에 맞는
렌즈를 준비하자

생각보다 피사체를 멀리서 찍어야 할 때가 의외로 많다. 촬영 환경이나 상황으로 피사체에 가까이 다가갈 수 없는 경우에는 줌을 이용할 수밖에 없다. 카메라의 줌 기능을 이용할 때는 피사체의 안정적인 촬영을 위해 되도록 삼각대(tripod)를 이용하자. 렌즈의 선택도 중요하다. 멀리 있는 생물을 촬영하는 환경 다큐멘터리에서는 200mm 망원렌즈보다는 400mm 또는 600mm 망원렌즈가 효율적으로 활용될 수 있다. 반대로 개미와 같은 아주 작은 생물을 촬영하는 때는 접사 렌즈가 없으면 불가능하다. 상황이나 여건에 맞는 렌즈를 미리 계획하고 준비하도록 하자.

소리는
들려야 한다

촬영 거리가 멀어지면 수음에 어려움을 겪을 수 있다. 소리를 제대로 담지 못하면 그 장면은 아무런 쓸모가 없다는 것을 명심하자. 외장형 마이크를 사용하거나 특히 무선 마이크(wireless microphone)를 촬영 전에 장착해두면 출연자가 거의 의식하지 못한 상태에서 우수한 음질로 녹음할 수 있다.

출연자와
유대감을 형성하라

영상에서 배우는 동작과 대사로 극적 행위를 묘사하는 중요한 역할을 한다. 그래서 영화나 드라마에서 배우를 섭외하고 선택하는 과정은 작품의 성패를 좌우할 수 있는 중요한 일이기도 하다. 영화나 드라마를 제외한 다른 장르에서는 출연자가 곧 배우의 역할을 대신한다. 출연자는 감독이 생각하고 계획한 것을 현실화해주는 존재이자 내밀하게 들여다보고 그 속에서 이야기를 만들어가는 중요한 매개체이다. 그래서 출연자를 섭외한다는 것은 영상이 가진 공통의 철학을 공유하고 공감한다는 중요한 의미가 있다. 아무리 훌륭한 출연자라고 하더라도 감독의 세계관과 다르다면 무용지물이다.

세상일이 모두 그렇지만 하고 싶지 않은데 억지로 하는 일만큼 힘든 일은 없다. 영상에 출연하는 것도 억지로 하면 바로 티가 나는 일이다. 그만큼 출연자의 자발적 의지가 중요하다. 출연자를 설득해서 촬영을 강행할 수도 있지만, 생각의 공유와 자발적 의지 두 가지가 충족되지 않으면 촬영을 진행하기 쉽지 않다. 생각은 같으나 의지가 없거나 의지는 있으나 생각이 다른 경우 두 가지 모두 촬영의 결과물에는 악영향을 미친다.

출연자가 프로그램에서 중요한 위치를 차지한 만큼 촬영에 앞서 무엇보다 출연자와의 유대감 형성에 신경 써야 한다. 출연자의 자발적 의지와 공통의 목표 그리고 감독의 의도가 결합한다면 훌륭한 촬영 결과물을 가져올 수 있다.

촬영에 들어가기 전에 우선 충분히 소통하는 시간과 출연자를 지켜보는 과정을 거쳐라. 영상 제작도 사람과의 관계 속에서 일어나는 일이다. 당신이 원하는 것을 얻기 위해서는 그 사람의 생각도 충분히 들어 볼 수 있는 배려가 필요하다. 당신과 유대감을 형성하고 있다고 느끼는 순간 출연자의 마음을 사로잡을 수 있다.

다음은 출연자와 소통 부재로 인해 벌어진 일화이다.

　강원도 태백의 석탄 박물관을 촬영할 때의 일이다. 박물관에 들어서자마자 관계자가 불같이 화를 내면서 몹시 격앙되어 있었다. 분명 섭외가 완료된 곳이라고 알고 있었기 때문에 감독인 나를 비롯하여 모든 스태프가 난처한 상황이었다.

　겨우 관계자를 진정시키고 자세한 상황을 들을 수 있었다. 박물관 관계자의 대부분은 광부 출신이었는데, 사전에 무엇을 어떻게 촬영하겠다는 구체적인 소통 과정이 없었다는 것이다. 광부의 일을 쉽게 생각하고 무시한 처사가 아니냐는 오해가 생긴 것이다. 광부가 하는 일을 대충 소개만 하는 촬영이 아니라는 의도를 설명했음에도, 이미 마음이 상한 관계자는 절대로 촬영을 허락해줄 수 없다고 돌아가라는 태도였다. 물론 나도 이런 분위기에서 촬영하는 것은 무리라고 생각하고 촬영을 철수하기로 마음먹었다. 그러자 마음이 오히려 편안해졌다. 그래서 마지막으로 관계자에게 사죄하고 최대한 공손하게 프로그램의 취지와 내용을 설명해보고 안 되면 어쩔 수 없다고 생각했다. 그런데 프로그램의 취지를 자세하게 듣고 나서 관계자의 분위기가 조금씩 바뀌기 시작했다. 일단 일차적인 목표인 프로그램 취지에는 공감했다.

다음은 출연 의지가 있느냐의 문제였다. 취지에 공감한다면 출연해줄 수 있겠느냐고 단도직입적으로 물었다. 그는 다른 관계자와 의논한 후 한참을 고민하더니 촬영을 수락했다.

물론 나에게도 약간의 찝찝함은 있었다. 그렇게 단호하게 거절하던 사람이 얼마나 성심성의껏 촬영에 임할까 하는 의구심이었다. 하지만 이런 생각은 촬영에 들어가자 기우에 불과했다. 그는 모든 촬영에 아주 성실히 임했고 심지어는 우리가 예상치 못했던 부분까지 완벽하게 소화하는 전문가다운 모습을 보였다. 그가 촬영에 최선을 다해 준 덕분에 석탄 박물관의 내용은 예상보다 훨씬 더 풍성한 이야기를 담을 수 있었다.

당신의 판단을 믿어라

촬영 현장에는 조각난 장면들이 혼재되어 나타난다. 그만큼 변수가 많다. 그것이 예측 가능한 변수인가 아니면 돌발 변수인가의 문제만 있을 뿐이다. 예측 가능한 변수는 촬영 전의 준비로 극복할 수 있다. 하지만 돌발 변수는 항상 선택의 갈림길에 서게 한다. 촬영장에서 무언가를 포기하거나 변경해야 하는 일은 다반사이다. 그런데 당신이 우왕좌왕하는 순간 현장에 있는 수많은 사람이 당신의 얼굴만 쳐다보고 있을 것이다.

이때는 분명한 장면의 정리가 필요하다. 만약 정리에 실패하면 세 개의 그룹에서 부작용이 나타난다. 첫 번째는 출연자(연기자)이다. 감독은 출연자에게 촬영할 장면을 분명히 제시할 의무가 있다. 출연자의 관리는 원활한 촬영을 위한 핵심 중 하나다. 두 번째는 스태프이다. 이것저것 다 쫓아다니면서 촬영을 하는 것은 스태프를 지치게 하고 불만만 쌓일 뿐이다. 특히 촬영 감독에게는 정리한 장면의 틀을 분명히 제시해야 한다. 세 번째는 제작자인 당신이다. 의도가 정립되지 않으면 확신이 없는 촬영이 될 확률이 높고 확신이 없는 촬영은 결과를 보장할 수 없다.

촬영장에서 판단은 빠를수록 좋고 그 판단이 맞다고 생각하면 곧바로 실행에 옮겨라. 당신의 판단이 맞다는 확신을 주는 것이 오히려 스태프와 출연자에게 신뢰를 얻는 길이다.

ADVICE

당신의 판단에 도움이 되는 방법

기획 의도를 상기하자

내가 이 영상을 왜 만드는 것인지를 스스로에게 질문하고 상기하자. 현장에서 혼재된 여러 장면은 기획 의도를 중심으로 한곳에 모이게 되어 있다. 기획 의도만 확실하게 정립되어 있다면 장면의 활용 여부를 빠르게 판단할 수 있다. 명확한 기획 의도는 이야기의 틀을 확실히 잡아주는 버팀목과 같은 역할을 한다.

집단 지성을 믿자

영상은 공동의 작업이다. 당신의 주변에는 여러 명의 전문가가 대기하고 있다. 당신보다 더 좋은 아이디어를 가지고 있는 사람이 있을 수 있고 그 사람들은 당신이 보지 못한 또 다른 시각을 제시할 수도 있다. 당신에게 필요한 것은 스스럼없이 의견을 제시할 수 있는 환경을 만들어 주는 것과 그것을 과감하게 받아들일 수 있는 용기이다. 단, 다양한 의견 속에서 최종적인 판단은 당신의 몫이라는 것은 잊지 말자.

04 영상 스토리 :
어떻게 표현할 것인가?

당신은 지금까지 영상을 만들기 위해 생각을 하고 계획을 세웠다. 그리고 프레임의 작동으로 장면화하기 위한 여러 요소를 고민했다. 이 모든 과정은 당신의 프레임으로 관객에게 설득력 있는 이야기를 전달하기 위한 전략이 담겨 있다. 사람들은 이야기에 빠지는 순간 거기에 매료되어 쉽게 빠져나오지 못한다. 반대로 당신의 영상이 지루하고 재미없는 이야기라면 기억 속에서 쉽게 사라질 것이다.

이야기가 없으면 영상도 재미없다.

영상을 언어로 인식하라

영상으로 이야기를 만드는 것은 분명 쉬운 일은 아니다. 당신만의 의도를 정립하고 카메라 프레임 속에 의도를 담아내고 표현하는 복잡한 절차와 과정이 뒤따른다. 누군가가 나에게 "영상을 재미있게 만들려면 어떻게 해야 하나요?"라고 묻는다면 말로 설명하기가 쉽지 않다. 그런데 즉석에서 한 가지는 분명히 말해줄 수 있다. 일단 영상을 언어로 인식하라는 것이다. 당신이 누군가와 대화하는 과정에서 재미를 느끼는 것은 이야기가 있다는 것이다. 그리고 그것의 기본 전달 매체는 언어이다. 영상을 관객과의 시각적 커뮤니케이션 과정으로 인식하라.

영상 언어는 카메라의 기능적 처리로 화상(畵像)이 맺혀지면 자연적 언어처럼 의사소통, 정보 전달, 감정 표현의 기능을 수행한다. 우리가 영상을 보면서 이미지에 의해 처리된 가상(假像)의 세상에 동일시되고 몰입하는 이유는 영상이 언어의 기능을 수행하고 있다는 것이다. 자연 언어와 영상 언어는 기능적인 유사성을 가지고 있지만 분명한 차이도 있다. 영상 언어는 이미지로 처리된 결과물을 보여주기 때문에 자연 언어보다는 사실적이고 구체적이다. 자연 언어가 지속해서 내려온 기호의 체계에서 고안되었다면 영상 언어는 카메라의 프레이밍에 의한 이미지와 소리로 전달되는 체계이기 때문이다. 또한, 영상 언어는 압축적이고 정제된 형태이다. 카메라에 의해 가공 처리된 이미지는 서로 연결의 과정을 거쳐 이야기로 변모하는데, 이 과정에서 압축적이고 정제된 형태로 관객에게 전달된다.

사람들은 영상 속에 담긴 이야기에 반응한다. 거기에는 영상을 언어로 전달하기 위한 수많은 쇼트와 앵글이 조립되어 있고 각각 주어, 동사, 목적어로서 임무를 수행한다. 쇼트를 구성하여 장면을 문장처럼 표현해보라.

주인공(행위의 주체)은 주어이다.

주인공의 행위는 동사이다.

행위의 대상은 목적어이다.

　　예컨대 아들이 즐겁게 비디오 게임을 하는 장면을 촬영한다면, 당
신의 아들은 그 장면의 주인공(주어)이다. 그리고 아들이 즐거워하는
행위가 묘사(동사)된다. 아들의 행위의 대상이 바로 비디오 게임(목적
어)이다. 단, 주인공의 행위는 반드시 독립적인 쇼트로 구성해야 한다.
이러한 쇼트가 모여 장면을 구성하고 개연성을 축으로 하나의 이야기
를 완성한다. 자연 언어와 같이 영상에서도 재미와 감동은 이야기의
논리적 연결이 뒷받침되어야 함을 명심하자.

영상에도 문법은 있다

최초로 카메라의 렌즈에 의해서 모인 빛이 이미지를 형상화하는 순간 언어로 변모하고 관습적인 문법에 따라 가공되어 영상으로 이야기를 전달하는 과정에서, 영상 언어도 자연 언어와 마찬가지로 문법의 체계를 요구한다. 영상 문법은 피사체의 방향, 움직임, 카메라의 위치와 각도 등에 관한 것이다. 나에게 영상 문법은 '이것은 절대 하지 마라.' 혹은 '이 쇼트 다음에는 반드시 이것을 찍어라.'와 같은 일종의 명령서처럼 느껴졌다. 예컨대 사람들이 회의하는 장면에서 왼쪽 테이블만 화면에 계속 보여준다면 관객은 얼마나 답답하겠는가? 오른편에 있는 사람들의 행동과 말도 반드시 화면에 노출되어야 한다. 관객이 회의 장면의 내용을 이해하려면 그래야만 한다. 관객의 자발적 이해 없이는 영상의 존재 의미도 없다. 이해도 안 되는 영상을 누가 들여다보고 있겠는가? 기본적인 영상 문법은 지킬 필요가 있다. 그것은 관객을 위한 의무이자 도리이다.

그렇다면 영상 문법은 절대적인가? 아니다. 고전적인 문법의 틀을 고집할 필요는 없다. 다만 쇼트와 앵글의 변화와 같은 관객을 이해시키는 데 필요한 기본 문법은 지키라는 것이다. 영상 문법도 오랜 시간에 걸쳐 지속해서 변화했다. 예컨대 이미지너리 라인Imaginary Line 법칙 (카메라가 피사체를 기준으로 180도 이상을 넘어가서 촬영하지 말라는 대표적인 고전 문법)의 경우 최근에는 감독의 의도에 따라 얼마든지 파괴될 수 있다.

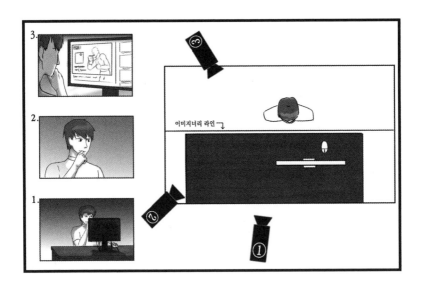

누군가가 모니터에 집중하는 모습을 정면에서 촬영했다면 이어지는 다음의 쇼트는 무엇을 보여줘야 하는가? 카메라의 위치를 바꿔 모니터에 집중하고 있는 사람을 촬영한다면 이미지너리 라인은 벗어나

지 않는다. 반대로 180도를 넘어가 모니터의 내용을 보여준다면 이미 지너리 라인을 벗어난다. 여기서는 문법보다는 모니터의 내용을 먼저 보여줌으로써 관객의 궁금증을 해소해 주는 것이 더 나은 선택일 수도 있다. 또한, 점프 컷의 경우도 예전에는 화면의 연속성을 파괴한다는 이유로 엄격하게 금지되었지만, 현재는 영상 표현의 하나의 방법으로 여겨진다. 이처럼 최근의 영상 제작에서 정답이란 없다. 영상 문법을 논하는 것 자체가 더는 무의미하다.

중요한 것은 영상 문법과 내용 중에 무엇을 우선하느냐를 말하기보다는 관객이 이해하고 공감하는 것이 우선이다. 과감하게 자기 생각을 담아서 이야기로 전달할 수 있느냐가 더 중요한 요소이다. 그러면 분명 그 영상은 가치가 있다. 영상 제작에서 문법과 내용 전달은 서로 충돌하는 개념이 아니라 목적과 상황에 맞춰 조화를 이뤄야 한다는 것은 분명하다.

이야기가 없으면
재미도 없다

수십 년 전에 나온 TV 리모컨은 사람들의 시청 패턴을 완전히 뒤바꿔 놓았다. 현재 TV를 시청하고 있는 당신의 모습을 살펴봐라. 프로그램이 마음에 들지 않으면 당신의 손은 자연스럽게 리모컨으로 이동한다. 그리고 곧바로 다른 채널로 돌려 버린다. 이것은 재미없으면 쉽게 채널을 이동할 수 있는 리모컨이 불러온 혁명이다. 현재의 유튜브는 어떠한가? 당신이 열심히 준비해서 올린 영상의 한쪽 구석에는 당신의 영상이 끝나기를 기다리는 수십 개의 영상이 대기하고 있다. 당신의 영상을 보고 있는 관객의 성향과 데이터를 분석하여 알고리즘이 줄을 세우는 것이다. 관객들은 당신이 제작한 영상보다 더 나은 영상은 얼마든지 준비되어 있다고 생각한다. 말 그대로 경쟁에서 살아남지 못하면 도태되는 무한경쟁체제이다. 영상 제작을 쉽게 생각하지 말

라. 관객은 당신의 영상을 언제든지 쓰레기통에 버릴 수 있는 무서운 존재이다.

그렇다면 경쟁에서 살아남기 위해서 무엇을 해야 하는가? 정답은 두 가지다. 첫 번째는 관객이 지금까지 보지 못하고 경험하지 못했던 소재를 찾는 것이다. 그러한 소재를 찾을 수만 있다면 관객은 신기해서라도 당신의 영상을 보기는 할 것이다. 가끔 제작 현장에서 "카메라를 갖다 대면 그림이다."라는 말을 사용할 때가 있다. 눈앞에 벌어지는 현상만으로 충분히 재미있는 영상을 촬영할 수 있을 때 사용하는 말이다. 하지만 애석하게도 세상에 존재하는 많은 일 중에 현상만 가지고 재미있는 소재가 얼마나 있겠는가? 설사 이러한 행운이 찾아온다고 해도 그것을 어떻게 관객에게 전달할 것인가의 문제는 남아있다.

당신이 경쟁에서 살아남는 최고의 방법은 영상을 이야기로 구성하여 전달하는 것이다. 우리가 매일 누군가와 나누는 대화를 연상해보자. 대화의 기술을 가진 사람은 상대방을 끌어들이는 흡입력을 가지고 있다. 같은 사건을 전달하는데 사람에 따라 대화의 몰입감은 다르게 나타나는 경우가 있다. 대화를 몰입감 있게 전달하는 사람은 스토리텔러로서 기술(技術)을 갖추고 있다. 영상도 언어이다. 영상 언어에 스토리텔러처럼 기술을 발휘하라. 당신이 영상을 이야기로 구성해 전달하겠다고 생각하는 순간 경쟁에서 살아남을 수 있는 요건은 마련된 것이다.

영상은 그냥 만들어지지 않는다. 그것은 당신의 조그마한 아이디어에서 출발하여 카메라의 프레이밍을 거쳐 내용을 핵심적으로 압축하여 이야기로 구성하는 것까지 당신에게 다양한 요건과 능력을 요구한다. 중요한 것은 하나의 작품을 완성하기 위한 수많은 시각적 처리의 과정은 영상을 이야기로 구성하여 관객에게 전달하기 위한 과정이라는 것을 명심해야 한다.

내용의 본질에 접근하라

재미없는 영화를 끝까지 본 후 당신의 반응은 대체로 다음과 같을 것이다. 상영관 밖으로 나와 마시고 있던 콜라를 쓰레기통에 집어 던지면서 "So what!(그래서, 뭐 어떻다는 거야!)"을 외치거나 "지금까지 내가 뭘 본 거야?"라고 되묻고 있을 것이다. 재미없는 영화를 보는 것은 정말 고역이다. 그래서 사람들은 영화를 선택하는 것에 소극적이고 조심스럽게 접근한다. 대부분 주변에서 재미있다고 소문난 영화를 우선 선택하는 이유이기도 하다.

이처럼 영상 콘텐츠에서 재미는 중요한 가치로 인식된다. 그렇다면 영상에서 재미는 어떻게 생성되는 것인가? 우선 모든 영상은 내용의 이해가 선행되어야 한다. 이것은 관객의 인지적 반응으로 영상을 만드는 최소한의 기준이다. 그런데 영상의 재미는 관객의 지발적 이해에서 그치지 않는다. 내용의 본질에 얼마나 정확하게 접근하느냐에 따라 달라진다. 즉, 관객의 감정을 지속해서 자극해야 한다. 더 나아가 내용의 본질을 관객이 직관적으로 파악할 수 있어야 한다. 그래야만 관객은 영상에 몰입할 수 있다.

이쯤에서 당신이 영상을 만드는 이유를 생각해보라. 영상으로 사실을 전달하는 것이 목적인가? 아니면 관객의 감정을 자극하는 것이 목적인가? 당신이 어떠한 선택을 하느냐에 따라 영상의 제작 방향은 완전히 다른 형태로 나타난다. 예컨대 매일 뉴스에 등장하는 검찰청 앞의 카메라는 대중에게 사실과 정보의 직접적인 전달이 목적이다. 사실과 정보를 전달함으로써 사회적 의제를 제시하고 대중에게 의제설정^{agenda setting}을 유도한다. 그것이 바로 뉴스의 기능이다. 만약 그 자리에 시사 다큐멘터리 감독이 있다면 뉴스를 생산하는 사람과는 취재의 목적이 달라야 한다. 사실을 전달한다는 측면에서 유사성은 있지만, 훨씬 더 심층적이고 체계적인 시각이 필요하다. 다큐멘터리는 현실의 드라마이다. 내용의 본질에 예민하게 반응하고 그것을 이야기로 가공하여 관객에게 전달하는 것이다.

당신이 촬영 과정에서 적대적으로 생각해야 하는 것은 영상의 피상적(皮相的) 표현이다. 내용의 본질에 접근하는 것을 방해하기 때문이다. 관객의 감정을 자극하지 못하는 영상은 쉽게 잊힌다. 보통 촬영 현장에서의 연출자의 모습은 촬영 감독 뒤쪽에서 팔짱을 끼고 상황을 지켜보는 모습이다. 누가 보면 아무 생각 없이 서 있는 것처럼 느낄 수 있지만, 이야기의 진행 상황부터 이야기의 연결에 이르기까지 상황에 몰두하면서 지켜봐야 한다. 그 상황에 대한 본질을 파악하기 위해

각고의 노력을 하는 시간이다. 그리고 빠른 상황 판단으로 문제점을 지적하고 해결할 수 있어야 한다. 연출자가 본질을 파악하려고 노력하지 않는다면 촬영 현장에서 할 수 있는 것은 한 가지밖에 없다. 내 눈앞에 보이는 것만 촬영하는 것이다. 또 다른 무언가를 펼쳐보고 들여다보는 과정을 생략해버리는 것이다.

ADVICE

촬영장에서 내레이션과 자막을 생각하지 말자

촬영 현장은 눈으로 현상을 직접 확인하고 구체적으로 묘사할 수 있는 선택된 장소이다. 그것에만 몰두하면 된다. 내레이션과 자막과 같은 보조적인 표현 방법은 머릿속에서 지워라. 그런 보조적인 수단을 생각하면 본질을 파헤치기보다는 장면을 피상적으로 접근하여 스케치하는 것에 머무를 것이다. 그리고 스케치를 마친 후 당신은 이렇게 생각할 것이다. '부족한 부분은 자막으로 처리하지. 뭐'라고….

그렇게 편집한 영상을 확인해보면 영상의 구체성은 찾아볼 수 없고 내레이션 또는 자막으로 설명만 하고 있을 것이다. 결과적으로 그 영상은 관객에게 매우 불친절하고 지루하고 재미도 없을 것이다. 편집에서 해결하려고 하지 말고 촬영장에서 승부를 보자. 그러기 위해서는 촬영 현장에서 자신에게 엄격해야 한다.

좋은 화면도 한두 번이다

아름다운 풍경만으로 영상을 만든다고 상상해보자. 얼마나 오랫동안 볼 수 있을 거 같은가? 대략 1분이면 충분할 것이다. 그 이상 지속되면 당신의 눈에 비치는 아름다움은 점점 퇴색될 것이다. 장담하건대 내용이 수반되지 않는 영상미는 지속성이 떨어진다. 관객은 항상 이야기가 앞으로 진전되기를 원한다. 비슷한 장면이 30초 이상 지속된다면 곧바로 피곤함을 호소한다. 편집에 지장 없을 만큼 충분히 찍었다면 그냥 쉬자. 그리고 다음 장면을 기다리자.

추상의 반대말은
구체적이다

피카소의 작품을 보면 어떤 생각이 드는가? 세상의 모든 사람이 인정하는 훌륭한 화가이지만 그의 작품을 보자마자 설명을 듣지 않고서도 한 번에 이해하기는 어렵다. 그러면 당신의 표현 도구인 카메라는 어떠한가? 카메라는 피카소와 같은 추상적인 그림과는 거리가 멀다. 카메라는 현실만을 반영하고 상상이 허용되지 않는 장비이다. 그러므로 영상의 소재는 현실과 맞닿아 있을 수밖에 없다. 영상은 카메라 프레임으로 오려낸 현실의 한 조각을 표현하는 것으로 관객의 감정을 끌어내야 한다. 영상은 아무리 추상적 소재라 하더라도 현실의 세계를 바탕으로 한다는 것을 잊지 말라.

추상적인 소재는 접근하기가 어려울 뿐 훌륭한 영상의 재료이다. 실제로 정치, 경제, 사회, 문화 각 분야에서 새롭게 등장하는 현상은 매번 영상의 소재로 활용된다. 추상적인 소재를 영상으로 표현하는 것은 글과 말로 개념화되는 형태와는 분명한 차이를 보인다. 만약 추상적 소재의 영상 표현이 단순히 관념적인 형태에 그친다면 영상의 피상성(皮相性)은 피하기 어렵다.

예컨대 '행복'이라는 소재는 가치판단의 기준이 사람마다 달라서 내면의 행복을 제대로 표현할 수 있을 때만 영상의 순수성이 훼손되지 않는다. 말뿐인 행복은 누구에게도 설득력을 갖지 못한다. 내면의 행복을 표현하기 위해서는 지속적인 관찰을 통한 인간의 심리적 흐름을 카메라에 담아내야 한다. "당신은 왜 행복하십니까?"라는 물음은 감독이 출연자에게 하는 질문일 수 있지만, 그 답은 감독이 구체적인 영상 표현으로 내놓아야 한다. '추상의 반대말은 구체적'이라는 것을 잊지 말라.

ADVICE

**감정의 표현은
다양한 시점으로**

하나의 장면은 한쪽으로 편중된 시점이나 이질감 없는 통일된 형태로 구성되어야 한다. 한 장면 안에 관찰자 시점과 분석적인 시점이 활용되면 공간과 정보에 대한 인식과 함께 내용의 본질을 효과적으로 전달할 수 있다. 이를 통해 관객의 극적 몰입감을 형성할 수 있다.

**관찰자 시점 vs
분석적 시점**

관찰자 시점의 카메라는 인물의 시선이나 움직임을 의식하지 않고 있는 그대로 전달하는 방식의 객관적 시점을 형성한다. 분석적 시점은 카메라가 현상이나 상황의 직접적인 주체가 되어 묘사하는 방식이다. 주로 인물의 시점에서 바라보는 주관적 시점으로 관객의 감정 몰입을 가져오는 효과가 있다. 또한, 내용의 본질을 우선하기 때문에 심층적, 분석적으로 전달하는 방법이다.

촬영 소재에
의미를 부여하자

　보통의 주부들은 끼니때마다 "오늘은 뭘 먹을까?"를 고민하면서 냉장고 문을 열고 재료를 살핀다. 요리의 밑그림을 그리는 것이다. 그리고 그날의 요리를 확정한다. 만약 된장찌개로 결정했다면 목표를 설정한 것이다. 이제 요리를 시작해보자. 된장찌개의 주재료는 된장이다. 그 이외에 호박, 양파, 두부, 감자 등과 같은 보조 재료가 필요하다. 주재료를 뒷받침하면서 된장찌개의 맛을 풍성하게 하는 역할을 한다. 또한, 보조 재료는 기호에 따라 얼마든지 대체되고 변경될 수 있다. 주재료가 준비되지 않으면 요리를 시작할 수 없다. 하지만 보조 재료 없이는 맛을 보장할 수 없다. 이러한 요리의 개념을 영상의 소재에 접목해보자. 영상에서 주재료(소재)는 대부분 기획 단계에서 결정된다. 주재료는 이야기의 전체 방향과 경계를 설정한다. 반면에 보조 재료는 대부분 촬영 소재의 형태로 나타난다. 전체 이야기를 뒷받침하는 일종의 이야깃거리로 실제 제작 과정에서 다양한 형태로 나타난다.

감독은 눈앞에 펼쳐진 촬영 소재를 활용하여 하나의 이야기로 구성할 수 있는 능력을 요구한다.

앨범은 살아온 기록을 넘어 삶을 이야기하는 도구이다.

탁자 위에 놓인 앨범을 예로 들어 보자. 앨범을 한 사람이 살아온 기록으로 바라보느냐 아니면 삶의 기록 속에 녹아있는 이야기를 들여다볼 수 있는 소재로 인식하느냐에 따라 시각화^{visualization}의 과정은 달라진다. 이것은 촬영 소재에 의미를 부여하는 것으로 감독은 촬영 소재를 남다르게 인식하고 의식해야 한다. 특히 촬영 소재에 의미를 부여하면 공간 속에 존재하는 모든 요소가 생물처럼 살아 움직인다. 그리고 이야기 속으로 흡수된다. 예컨대 아름다운 정원이 당신의 눈에 들어오면 단순히 정원의 아름다움을 넘어서 정원을 가꾸고 관리하는 정원사의 이야기가 더 좋은 촬영 소재로 변모한다. 무생물의 소재가 당신의 이야기 속에서 의인화의 과정을 거쳐 생물처럼 살아 움직이는 것이다. 반대로 적절한 촬영 소재를 이야기 속으로 흡수하지 못하면 현상 위주의 촬영에 머무를 가능성이 크다.

촬영 소재가 나타나면 우선 당신의 이야기로 흡수할 만한 가치가 있는가를 판단하라. 그리고 가치가 있다면 표현 방법을 고민하라. 반대로 가치가 없다면 과감하게 버려라. 장담컨대 당신이 촬영 소재에 의미를 부여하면 사물이나 현상을 바라보는 시각이 달라질 것이고 그 속의 이야기가 궁금할 것이다. 또한, 당신이 촬영에 임하는 자세가 달라질 것이다.

ADVICE

**사물이나 현상을
그냥 지나치지 말자**

당신의 주인공이 하는 일은 당신의 계획대로 움직이는 것이다. 주인공만 쳐다보지 말고 그의 주변을 살펴보자. 발로 차던 개밥그릇이 자세히 들여다보면 고려청자일지도 모른다. 영상의 특별함은 남들이 보지 못하는 것을 당신만 보았을 때 만들어진다.

촬영 소재가 좋으면
스토리텔링도 성공한다

촬영 소재는 많으면 많을수록 좋다. 촬영 소재가 많다는 것은 그만큼 다양한 이야깃거리가 있다는 것을 의미함으로 감독으로서는 행복한 일이다. 실제로 소재 발굴 과정에서도 다양한 이야깃거리는 중요한 고려 대상이다. 문제는 촬영 소재가 스토리텔링에 흡수될 수 있느냐이다.

스토리텔링은 어떻게 이야기할 것인가에 대한 전략적인 접근이다. 일종의 이야기 구성 방법으로 우리가 말하는 사람에 따라 재미와 감동이 달라지는 이유는 이야기를 전개하는 전략이 각기 다르기 때문이다. 촬영 소재는 이야기의 전략을 짜는 데 주요한 요소로 작용한다.

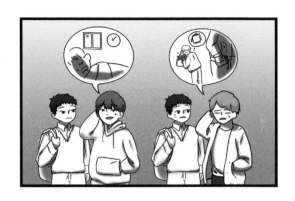

예컨대 A와 B라는 사람이 회사에 지각했다고 하자. A라는 사람은 아침에 늦잠을 자서 지각을 했다고 하면 지각의 이유를 들은 사람들은 대부분 살아가면서 벌어질 수 있는 그저 그런 이야기라고 생각하고 특별한 반응을 보이지는 않을 것이다. 그런데 B라는 사람은 버스 안에서 소매치기를 당해서 지각했다고 하면 사람들의 반응은 완전히 달라진다. B라는 사람에게는 극적 요소가 존재한다. 이렇듯 A와 B가 지각을 했다는 결과는 같지만, 소매치기라는 촬영 소재는 이야기의 전달에 전략적 접근을 가능케 한다. 다소 밋밋할 수 있는 지각이라는 소재가 소매치기라는 촬영 소재로 이야기의 질서와 의미를 결정짓게 되는 것이다.

촬영 소재형 스토리텔링

스토리텔링의 성공을 위해서는 촬영 소재의 효과적인 관리가 중요하다. 훌륭한 촬영 소재는 이야기의 서사 전략을 바꾸는 중요한 통로로 활용되고 설득력 있는 스토리텔링을 가능하게 만들기 때문이다. 감독은 이야기의 구성에서 부족한 부분을 인식하고 적합한 촬영 소재를 개발하여 이야기로 발전시키는 능력이 필요하다.

촬영 소재가 스토리텔링에 미치는 영향을 다음의 프로그램에서 벌어진 일화로 살펴보자.

프로그램의 주요 내용은 우리나라 학생들의 입시 위주 교육의 문제점과 해결방안을 모색해보는 것이었다. 이를 위해 독일의 선진교육 사례를 비교·분석하기 위해 일주일간 촬영을 진행하였다. 그런데 독일의 학사 제도 중 우리나라 수능 시험에 해당하는 아비투어^{Abitur}에 대한 내용을 취재하는 과정이 순탄치 않았다. 국내 촬영과는 달리 해외 촬영은 현지 문화, 언어 등 취재에 많은 제약이 있다. 촬영 마감을 하루 앞두고도 원하는 출연자 섭외가 안 되는 상황에서 특별한 방법은 없었다.

그렇게 촬영은 마무리가 되었다. 마지막 촬영을 마치고 숙소로 돌아오는 길에 고속도로 휴게소에 잠깐 들러 촬영 감독과 함께 잠시 쉬고 있었다. 그런데 급하게 현지 코디가 나를 찾았다. 코디 옆에 남루한 차림의 남성 한 명이 서 있었다. 코디는 이 남성이 다음 휴게소까지 태워달라는 부탁을 하는데 이 사람이 아비투어(독일의 수능시험)를 통과한 학생이라고 소개했다. 현지 코디가 내가 원하는 사람인 것을 직감하고 급하게 나를 찾은 것이다. 순간 '아 이런 행운도 있는구나.'라는 생각과 함께 다음 휴게소까지 태워주는 조건으로 촬영 협조를 부탁했고 남성은 흔쾌히 승낙했다.

이 남성은 아비투어를 통과하고 자신의 미래를 설계하기 위해 1년간 독일의 방방곡곡을 여행 중인 학생이었다. 최근 환경에 관심이 많아서 벌목 현장에 다녀오는 길이라고 했다. 이 남성은 아비투어에 통과했지만, 대학 입학은 몇 년 뒤에 할 예정이라고 했다. 독일에서는 흔한 일이라고 한다. 충분한 시간을 두고 여러 경험을 해본 후 자신의 전공을 최종 판단할 수 있도록 하는 독일 교육의 지향점을 확인할 수 있었다. 물론 너무 급작스럽게 나타난 소재이기 때문에 분량과 촬영 여건의 한계는 있었지만, 독일 교육의 본질을 파악할 수 있는 소중한 촬영 소재였다.

훌륭한 촬영 소재는 이야기의 서사 전략을 바꾼다.

남성을 만난 것은 서사 전략을 바꾸는 기회이다.

하지만 기회도 준비된 사람에게 찾아온다.

휴게소에서 출연자를 섭외하게 된 것은 우연이고 행운이었다. 그런데 행운도 준비된 사람에게 찾아오는 법이다. 영상으로 '무엇을 말할 것인가?'를 머릿속에 그려 놓고 지금 필요하고 부족한 부분이 무엇인지를 파악하고 있어야만 행운도 놓치지 않는 것이다. 당신에게 찾아온 행운이 이야기의 전략을 바꿀 기회라는 것을 잊지 말라.

에피소드형 스토리텔링

에피소드^{episode}는 이야기나 사건 줄거리의 중간에 끼어 있는 짤막한 이야기를 의미한다. 특히 에피소드는 의도하고 계획하지 않기 때문에 감독의 관점이 중요하다. 에피소드가 이야기의 흐름에서 어떠한 의미가 있는지 판단하고 촬영 여부를 최종적으로 결정해야 한다.

다음은 영상의 스토리텔링 과정에서 에피소드가 갖는 의미를 살펴볼 수 있는 일화이다.

청년 문제를 취재하면서 직업을 갖지 않고 아르바이트로 생계를 유지하는 프리터족을 촬영할 때의 일이다. 첫 촬영 장소는 출연자의 집이었다. 그런데 촬영 당일 눈이 너무 많이 내리고 있어서 교통 체증으로 출연자의 집까지 제시간에 도착하는 것은 불가능했다. 할 수 없이 지하철로 이동이 가능한 조연출이 먼저 출연자의 집으로 가서 출연자가 이동하는 과정을 팔로우 촬영하기로 하고 아르바이트 장소에서 만나기로 했다. 그런데 예상대로 가는 길이 너무 힘들었다. 대중교통으로 이동한 조연출과 출연자가 나보다 일찍 도착했다. 전화로 조연출에게 진행 상황을 간단히 묻고 '지금 뭐 하고 있느냐?'라고 물었더니, 밖이 추워서 출연자와 함께 ATM(현금 자동 인출기) 부스 안에 들어와 있다고 했다. 순간적으로 재미있는 상황이라고 판단해서 조연출에게 급하게 그 상황을 촬영하라고 주문을 했다. 청년이 혼자 외롭고 쓸쓸하게 ATM 부스 안에 들어가서 아르바이트를 기다리는 장면을 요구한 것이다.

그런데 몇 분 후 조연출의 전화를 받고 나의 기대감은 무너졌다. 상황을 들어 보니 촬영을 하려던 순간에 오늘 아르바이트를 하기로 한 이삿짐 차가 도착해서 일을 바로 시작하느라 촬영을 못 했다는 것이다. 안타까운 마음에 촬영 장소에 도착하는 순간까지 그 상황에 관한 아쉬움이 떠나지를 않았다. 추운 날 손발을 녹일 장소가 없어서 은행 ATM 부스 안에서 외롭게 아르바이트를 기다리는 청년, 이 상황이 얼마나 좋은 에피소드인가? 아르바이트만으로 생계를 유지하는 어려운 청년의 삶을 그려낼 수 있는 단적인 상황이었을 것이다.

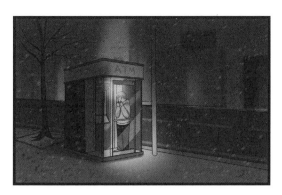

에피소드를 우습게 생각하지 말라.

훌륭한 에피소드 하나가 이야기를 풍성하게 하는 선물을 가져다준다.

촬영을 하다 보면 백날을 기다려도 원하는 그림을 촬영 못 하는 경우가 허다하다. 에피소드는 우연히 나타났다가 순식간에 사라진다. 상황을 예의주시하고 관찰해야 하는 이유이다. 상황에 어울리는 에피소드와 같은 양념이 첨가되었을 때 영상의 맛은 더 풍성해질 수 있다.

변화무쌍함을 즐겨라

감독의 일은 매 순간 선택의 연속이다. 그것이 옳은 선택이든 잘못된 선택이든 일단 결정을 해야만 작업이 진행된다. 만약 옳은 선택이라면 환호를 받을 것이고 잘못된 선택이라면 책임을 지는 것이 감독의 숙명이다. 이런 선택의 순간에 의지할 수 있는 것은 당신의 머릿속에 담고 있는 의도밖에 없다. 기획 의도가 이야기의 방향과 경계를 설정한다면 연출 의도는 그것을 실행하는 단계이다. 나무로 비유하자면 기획 의도는 나무를 심는 것이고 연출 의도는 나무를 키우기 위해 물과 양분을 지속해서 제공하는 것이다. 제작 현장에서는 당신의 의도에 따라서 모든 것이 움직인다. 그래서 당신에게 모든 것을 선택할 수 있는 권한을 주는 것이다.

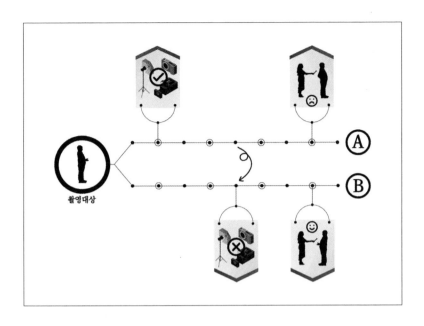

촬영대상

　다음의 예시를 살펴보자. 이러한 사례는 제작 현장에서 비일비재
하게 일어나는 일이다. A와 B의 길이 있다고 가정해보자. 사전 섭외
과정에서 주인공은 A라는 길로 가겠다고 답을 했다. 그러면 감독은
당연히 주인공이 A의 길로 갈 것을 대비하고 계획한다. 그런데 갑자기
촬영 현장에서 약속과는 달리 B의 길을 가겠다고 한다. 여기에서 길
의 의미는 크게 작용한다. 주인공이 A와 B의 길 중에 어디를 선택하
느냐에 따라 앞으로의 이야기의 전개는 완전히 달라진다. 사전에 계획
한 대로 A의 길로 향하는 것과 주인공이 원하는 B의 길로 향하는 것,
어떠한 선택이든 장단점은 있다. A의 길로 가면 계획한 대로 촬영은
가능하지만, 주인공이 원하지 않는 촬영을 해야 하는 부담이 있다. 반
면에 B의 길은 계획한 길이 아니므로 촬영을 다시 세팅해야 한다. 그
만큼 위기의 순간에 대처가 쉽지 않을 수 있다. 하지만 주인공이 원하

는 길인만큼 촬영의 협조는 순탄할 것이다.

당신은 어떠한 선택을 할 것인가? 나라면 B의 길을 선택할 것이다. 촬영은 프레임 안에 당신의 주인공을 원활하게 잡아두는 것이 목표이다. 주인공이 가고 싶지 않은 A의 길은 당신에게 촬영 내내 부담을 안겨줄 것이다. 단, 전제가 있다. 기획 의도가 흐트러져서는 안 된다. B의 길로 가는 것이 당신 영상의 존재 이유를 흔들어서는 안 된다는 뜻이다. 기획 과정에서 영상으로 전달하고자 하는 메시지는 불변이지만 제작 과정에서 효과적인 전달 방법을 찾는 것은 감독의 의도에 따라 얼마든지 변화하고 발전할 수 있다.

영상을 제작하다 보면 위기의 순간은 항상 찾아온다. 영상으로 이야기를 만드는 것은 되는 것보다 안 되는 것이 훨씬 많다. 혹시 영상 기획의 내용이 실제 제작 현장에서 똑같이 재현될 것으로 생각하는가? 그것은 오산이다. 기획은 글이고 제작은 현실이다. 제작 현장은 매번 변화무쌍하고 그러한 변화무쌍함을 즐길 수 있어야 한다. 당신에게 명확한 의도가 있다면 현장에서 이야기의 변화에 대처할 수 있다. 그리고 자신 있게 당신의 의도를 표출해라.

경험의
이미지 트레이닝

당신은 살아오면서 무수한 경험을 했을 것이다. 여기서 말하는 경험은 당신이 과거에 듣고, 보고, 체험하면서 기억 한편에 자리 잡은 수많은 일을 의미한다. 당신이 지닌 다양한 경험은 영상을 제작하는 데 훌륭한 자산이다. 거기에 영상을 제작한 경험이 있다면 금상첨화이다. 과거의 경험은 이미지 트레이닝으로 새로운 것을 창조하는 훌륭한 도구이다.

촬영장으로 향하는 차 안에서 촬영 내용을 숙지한 후 "오늘은 이 부분을 얘기할 거야."라고 규정해보자. 그 순간 당신은 자연스럽게 핵심 장면을 이미지 트레이닝하고 있을 것이다. 먼저 촬영할 장소가 대충 그려질 것이고 주인공의 말과 행동이 머릿속에 떠오를 것이다. 거기에 영상 제작 경험이 더해진다면 다양한 카메라 운용 계획도 수립할 수 있다. 비슷한 상황을 머릿속으로 재현하는 것은 실제 현장에서 당신에게 더 나은 위기 대처 능력과 집중력을 발휘하게 할 것이다.

인터뷰도
요령이 필요하다

    영상에서 인터뷰는 이야기의 전달, 연결, 완성, 성격 묘사 등 다양한 기능이 있다. 특히 인터뷰는 사건이나 상황 등을 당사자의 입으로 명확하게 정리하는 매우 중요한 역할을 한다. 인터뷰의 핵심은 이야기의 연결과 정리이다. 벌어지는 모든 상황을 영상으로만 표현하는 것은 분명 한계가 있다. 특히 인간의 생각이나 감정이 대표적이다. 명확하고 진정성 있는 말이 전제된다면 인터뷰는 이야기의 중요한 전달 요소이다. 중요한 것은 질문자의 말과 행동이다. 인터뷰가 훌륭한 이야기 전달의 수단으로 활용되기 위해서는 무엇보다 질문자인 당신의 자세부터 살펴보라.

    촬영 과정에서 인터뷰는 감독의 개입이 전제되는 것이다. 감독이 영상에 직접 개입하는 것은 절제된 형태로 이뤄져야 한다. 인터뷰는 영상만으로 궁금증을 해소하기 어려울 때 관객의 관점에서 대상자에게 질문하는 형태가 바람직하다. 좋은 질문을 위해서 당신이 할 일은 단 한 가지다. 최대한 빨리 상황을 이해하고 이야기로 정리하는 것이다. 만약 당신이 상황을 이야기로 정리하지 못하면 어떠한 질문도 쉽게 내뱉지 못한다. 심지어는 상황과 전혀 어울리지 않거나 논리에 맞지 않는 질문을 하는 경우가 발생할 수도 있다. 중요한 것은 질문자가 상황을 얼마나 잘 정리하느냐에 따라 답변도 달라질 수 있다는 것이다. 당신이 준비되지 않으면 제대로 된 질문을 못 할 것이고 당신이 원하는 답도 들을 수 없을 것이다.

다음은 비가 오기만을 기다리는 농부와의 인터뷰 내용의 일부이다.

촬영을 위해 아침 일찍 출연자의 집에 방문하였다. 집에 들어서자 출연자는 TV 뉴스를 보면서 아침 식사 중이었다. 어색하게 그가 식사를 마치기를 기다리고 있었다. 그런데 문득 밭일을 하는 농부에게는 TV 뉴스의 날씨 예보가 정말 중요한 일과 중의 하나일 거라는 생각이 들었다. 그의 아침 식사 장면을 촬영하면서 카메라를 들고 TV에 날씨 예보가 나오기만을 기다렸다. 한참을 기다린 후에 날씨 예보가 시작되었고 집중해서 듣고 있는 출연자의 모습을 담을 수 있었다. 계속 가물었던 터였는데, 날씨 예보에 다음 날 비 소식이 있었다. 그런데 정작 출연자는 별말 없이 한숨만 쉬는 정도였다. 여기서 중요한 것은 날씨 예보를 듣고 출연자가 느끼는 감정을 말로 표출하는 것이 이야기의 완성이다.

[출연자]	"일기 예보가 80%만 맞춰줘도 좋은데 가만 보면 80%도 못 맞춰."
[질문]	"일기 예보가 틀리면 속상하시죠?"
[출연자]	(전라도의 투박한 사투리로) "속만 상하겄소."

출연자의 이 한마디는 많은 의미를 함축하고 있다. 하늘만 바라보고 농사를 짓고 있는 농부의 복잡한 감정을 표정과 한마디의 말로 적절하게 혼합해 이야기로 전달할 수 있었다. 실제로 이 인터뷰는 이야기의 도입부에 활용되었다.

우선, 머릿속으로 상황을 이해하고 이야기로 정리하라.

그리고 상황을 영상으로 표현한 후,

인터뷰로 이야기를 완성하라.

편집 과정에서 인터뷰의 80~90% 정도는 버려진다. 아무리 관객의 감정을 끌어내는 좋은 내용일지라도 인터뷰가 장황하면 잔소리처럼 느껴진다. 관객의 관점에서 영상은 듣기만 하는 것이 아니라 보면서 듣고 싶은 것이다. 누구도 인터뷰를 길게 듣고 싶은 생각은 추호도 없다. 문제는 답변자가 당신이 원하는 대로 간결하고 명확하게 대답해 주지 않는다는 것이다. 그것을 바라는 것은 지나친 기대감이다. 답변자의 대부분은 카메라 앞에서 그만한 능력을 갖추고 있지 않다.

그러므로 당신은 인터뷰를 영상 표현의 보조적 도구로 활용해야 한다. 사건이나 상황에 대한 영상 표현이 우선이다. 그리고 상황에 맞는 인터뷰와 적절히 결합했을 때 의미 있는 인터뷰를 할 수 있다. 영상 표현이 선결되지 않고 인터뷰만으로는 영상에 힘이 실리지 못한다는 것을 명심하라. 인터뷰가 이야기 전달자로서의 역할을 하기 위해 다음과 같은 기법을 활용해보라.

명확한 질문은 명확한 답변을 유도한다

촬영 과정에서 감독의 의도가 분명하지 않으면 명확한 질문을 할 수 없다. 소위 송곳 같은 질문은 사건과 상황에 대한 이해와 더불어 감독의 의도가 분명할 때 가능하다. 묻고자 하는 것을 구체적인 형태로 질문해야 한다. 모호한 질문은 모호한 답이 돌아오기 마련이다. 그것은 질문자와 답변자 모두 무슨 말을 하고 있는지 모르겠는 상황에 부닥칠 수 있다.

식당 운영의 어려움에 대한 답변을 듣기 위해 아래의 두 가지 형태로 질문을 했다고 가정해보자.

1. 최근에 식당 운영이 어떠세요?
2. 최근에 식당 매출은 얼마나 떨어졌나요?

의도가 식당 운영의 어려움에 대한 답변을 듣기 위한 것이라면 두 번째 질문이 효과적이다. 두 번째 질문은 식당의 어려운 사정을 수치화해서 구체적인 답변을 유도한다. 예컨대 "손님이 많이 줄어서 전월보다 매출이 30% 정도 떨어졌습니다."와 같은 형태이다. 반면에 첫 번째 질문은 상대적으로 질문의 범위가 너무 넓어서 식당 운영과 관련한 모호한 답변을 할 가능성이 크다.

질문에 단계를 밟아라

생각, 느낌, 감정 등을 질문할 때는 단계를 나눠서 구체적으로 질문할 필요가 있다. 일반적으로 사람들은 정보나 사실을 전달하는 목적 이외의 답변은 매우 단답형으로 답하거나 반대로 장황하게 설명하는 경향이 있다. 사실을 전달하는 답변보다 자신의 생각을 체계적으로 말하는 것이 더 어렵기 때문이다. 이때는 눈에 보이는 사실에 대한 것을 먼저 질문하고 그렇게 느끼고 생각하는 이유를 다음에 묻는 것이 화자에게 편안한 답변을 유도할 수 있다.

다음은 노량진 고시원에서 공무원 시험을 준비하고 있는 취업준비생을 취재할 때 책상 한편에 쌓여있는 많은 양의 영수증을 보면서 진행했던 인터뷰의 내용이다.

[질문]   "책상에 쌓여있는 영수증은 뭔가요?"

[답변]   "여기 와서 쓴 영수증, 아빠 돈이죠. 제 돈이 아니니까 쓸 때마다 영수증을 사진으로 찍어서 아빠한테

뭐 때문에 썼다고 말씀드려요."

[질문]   "이렇게 모아놓은 특별한 이유가 있나요?"

[답변]   "점검하면서 돈을 쓰면 좀 더 절약할 수 있을 거 같아서…. 많이 쌓여있는 거 보면 '아, 좀 더 아껴 써야겠다.' 이런 마음이 드니까 모아놓았어요."

위의 인터뷰 내용은 사실을 먼저 질문하고 그 이유를 나중에 질문함으로써 인터뷰의 자연스러운 연결이 가능하다. 또한, 구체적인 질문과 함께 하나씩 단계를 밟아가는 질문의 형태는 상황에 대한 관객의 이해를 돕는다.

화자(話者)의 말꼬리를 물어라

인터뷰는 일종의 대화이다. 정보, 의견, 주장 등을 말로 전달하기 위해서 질문자와 나누는 대화이다. 그런데 한 가지 차이점은 대부분 일상의 대화는 말로 의사를 주고받는 것으로 쌍방 간 의사전달의 의미가 강하지만 영상에서 인터뷰는 이야기를 전달하는 하나의 매개체로서의 의미가 강하다. 그래서 영상에서 인터뷰는 감독이 주장하는 이야기와 궤를 같이한다. 인터뷰를 스토리텔링을 위한 전략으로 생각하라. 그것은 당신의 논리로 이야기를 끌고 가는 인터뷰의 전략이 필요하다는 것이다.

전략적인 인터뷰를 위해서는 다음의 요건들이 필요하다.

① 말 속에 정답이 있다고 생각하고 상대방의 말을 경청하라.
② 내용을 빠르게 이해하고 정리하라.
③ 내용이 길어지면 중요 단어나 문장을 캐치하는 능력을 키워라.
④ 마지막으로 머릿속에 정리한 내용에서 중요한 지점을 되물어라.

여기서 화자에게 중요한 지점을 되묻는 것은 새로운 내용에 접근할 수 있는 기회를 제공할 뿐만 아니라, 이야기의 실마리를 풀어가는 과정이다. 즉, 화자의 말꼬리를 물어서 더 깊이 파고드는 것이다. 특히 이 방법은 심층적이고 분석적인 질문을 해야 하는 정식 인터뷰^{formal interview}에서 유용하게 활용할 수 있다.

다음은 아르바이트만으로 어렵게 생계를 유지하고 있는 한 청년의 인터뷰 내용이다.

[질문]   "최근 가장 힘든 점은 무엇인가요?"
[답변]   "살아가는 데 있어서 가장 큰 압박은 경제적인 압박이고요. 가장 큰 스트레스, 가장 큰 고민, 가장 큰 불안은 경제적인 것에서 많이 기인하는 거 같아요."
[질문]   "그러면 경제적인 압박을 이겨내기 위해서 어떤 노력을 하세요?"
[답변]   "경제적인 압박을 이겨낸다거나 극복해낸다는 표현

은 지금은 어울리지 않는 것 같아요. '어떻게든 버텨
야겠다.' 그런 생각을 많이 하게 됩니다."

[질문] "무언가를 전진하는 삶이 아닌 버티고 있는 삶이라
는 의미인가요?"

[답변] "현재 저는 딱 그 지점에 있는 거 같아요."

"예.", "아니요." 답변을 활용하라

인터뷰를 진행하면서 가장 맥이 빠지는 경우는 감독이 질문을 던
졌는데 "예, 아니요."로 답변이 나오는 경우이다. 하지만 "예, 아니요."
의 답변은 질문 속에 답변의 내용이 포함된 경우가 대부분이다. 질문
자가 답변에서 나와야 할 내용을 미리 인지하고 질문을 해버리는 것
이다. 이런 경우 긍정과 부정의 "예, 아니요."의 답변이 나오기 쉽다.

[질문] "오늘 저녁 메뉴는 된장찌개인가요?"
[답변] "예…."

[질문] "오늘 저녁 메뉴는 무엇인가요?"
[답변] "된장찌개를 끓이려고 합니다."

그런데 촬영 과정에서는 긍정과 부정을 먼저 유도하고 다음 질문
을 이어가면 자연스러울 때도 있다. 예컨대 저녁 메뉴가 무슨 요리인

지 충분히 영상으로 설명이 되었다면 질문의 시작을 "예, 아니요."의 답변으로 유도하고 그다음에 깊이 있는 질문을 이어가는 형태이다.

[질문]   "오늘 저녁 메뉴는 된장찌개인가요?"
[답변]   "예…."

[질문]   "된장찌개에 뭐 넣고 끓일 거예요?"
[답변]   "차돌박이 된장찌개를 끓이려고 합니다."

[질문]   "된장찌개에 차돌박이를 넣는 이유가 있나요?"
[답변]   "된장찌개에 차돌박이를 넣으면 깊고 진한 국물 맛을 즐길 수 있고 특히 가족들이 좋아합니다."

위의 예시에서 촬영을 통해 된장찌개를 요리하는 과정을 영상으로 설명했다면 굳이 "오늘 저녁 메뉴는 무엇입니까?"와 같은 질문은 의미가 없다. 오히려 뻔한 질문으로 어색함만 더할 뿐이다. 인터뷰는 시간과 장소, 상황에 따라서 얼마든지 변경될 수 있다. 이때 그 상황에 적합한 질문은 유연한 사고와 상황 대처 능력에 따라 얼마든지 바뀔 수 있다.

듣고 싶다면 답변의 환경부터 만들어라

인터뷰에도 워밍업이 필요하다. 특히 인터뷰의 시작은 쉽게 답할 수 있는 내용부터 질문하는 것이 좋다. 인터뷰 대상자가 생각과 말의 경직을 푸는 시간이 필요한 것이다. 특히 카메라에 익숙하지 않은 일반인은 카메라 자체를 부담스러운 물체로 인식하고 과도하게 긴장하기 마련이다. 이때는 관심사 등으로 공감을 얻을만한 가벼운 질문을 먼저 하는 것이 긴장감을 해소하는 동시에 친밀감을 확대할 수 있는 좋은 방법이다. 인터뷰 시작과 동시에 질문의 난도가 너무 높거나 단도직입적으로 질문하는 것은 정작 말하고자 하는 내용에 대해 생각이 정체되는 경우가 발생한다. 인터뷰의 시작과 동시에 생각, 감정 등을 묻는 것은 피해야 한다. 또한, 인터뷰 초반의 가벼운 질문은 인터뷰 대상자와의 공감대 형성에도 영향을 미친다. 일상의 대화에서도 진솔한 이야기는 듣는 사람이 얼마나 공감하느냐에 따라 달라진다. 당신이 진정으로 듣고 싶다면 공감 능력을 발휘하여 출연자에게 답변할 수 있는 환경을 만들어 주어라.

적절한 리액션으로 공감을 표현하라

비언어적[non-verbal] 소통 방법인 목의 끄덕임, 눈빛, 표정 등으로 상대방의 말에 공감을 표현하는 것도 좋은 방법이다. 이런 비언어적 소통 방법은 감독이 대상자의 말에 집중하고 있다는 의사 표현이다. 비

언어적 소통 방법은 인터뷰 대상자에게 적극적인 동조의 메시지를 전달함으로써 자신이 말하는 내용에 몰입할 수 있게 할 뿐만 아니라 심리적 안정감을 줌으로써 마지못해서 하는 답변이 아닌 스스로 적극적으로 답변하게끔 만드는 효과를 얻을 수 있다. 하지만 과도한 리액션은 인터뷰 대상자의 집중을 흩트리고 진정성이 떨어져 보여 오히려 반감을 유발할 수 있으므로 주의해야 한다.

인터뷰의 강박에서
벗어나라

분명 이야기의 전달자로서 인터뷰는 좋은 도구로 활용되지만, 이야기의 연결에서 단절감의 문제점도 함께 생각해야 한다. 인터뷰로 모든 상황을 정리할 수는 없다. 오히려 몰입감 있는 상황에서 인터뷰의 남발은 현장감을 떨어트릴 수 있다. 누차 강조했듯이 영상 표현만으로 현장성을 강조할 수 있다면 굳이 인터뷰로 이야기의 흐름을 방해할 필요가 없다.

지금 누군가가 인터뷰의 활용법에 관해서 나에게 묻는다면 강박에서 벗어나라고 충고할 것이다. 그리고 인터뷰가 필요한 적재적소(適材適所)의 자리를 찾으라고 강조할 것이다. 가끔은 촬영 현장에서 인터뷰가 이야기를 짜내기 위한 수단처럼 느껴질 때가 있다. 이것의 대표적인 부작용이 반드시 인터뷰로 이야기를 정리해야 한다는 강박이다. 이러한 강박은 쓸모없는 인터뷰의 남발로 이어진다. 가장 훌륭한 인터뷰는 내가 질문하지 않아도 주인공이 스스로 답변하는 환경을 만드는 것이다.

다음은 인터뷰를 남발하지 않고 이야기 속에서 자연스럽게 녹여 내는 방법에 관한 것이다.

질문의 타이밍을 잡아라

인터뷰는 상황에 맞는 적절한 타이밍이 필요하다. 타이밍이 맞지 않는 질문은 오히려 독으로 작용한다. 상황이 눈앞에 펼쳐져 있다면 굳이 질문에 매몰될 필요가 없다. 당신이 생각하기에 설명이나 정리가 필요한 타이밍에만 질문을 던지면 된다. 오히려 시도 때도 없이 불쑥 던지는 질문은 상대방에게 유효한 답변을 끌어내기 쉽지 않다. 예를 들어 출연자가 눈물을 쏟아내고 있는 장면에서 "왜 울어요?"라고 묻는 것은 출연자의 감정을 전혀 이해하지 못하는 질문이다. 이럴 때는 감독도 감정의 공유가 필요하다. 우는 이유는 기다리면 충분히 설명될 수 있다. 굳이 이유를 말로써 듣고 싶다면 감정이 어느 정도 진정된 후에 듣는 것이 좋다.

누군가는 이렇게 의문을 가질 것이다. '촬영 현장에서 인터뷰를 많이 해놓고 편집에서 정리하면 되는 것 아닌가?'라고…. 일리 있는 말이지만 내가 주장하는 것은 상황에 맞는 질문을 하라는 것이다. 아무 때나 불쑥 던지는 질문이 과연 얼마나 유효하겠는가?

촬영 과정에서 이야기의 흐름을 역행하지 않고 인터뷰를 시도하는 것이 가장 훌륭한 타이밍이다. 또한, 질문의 타이밍에는 촬영감독과의 소통도 중요하다. 이야기가 전개되는 과정에서 어떠한 타이밍에 질문할 것인가는 앵글과 쇼트를 결정하는 촬영감독과 소위 합이 잘 맞아야 한다.

인터뷰의 현장감을 최대한 살려라

상황이 벌어지고 있는 현장에서 최대한 묻고 답하는 것이 좋다. 상황에 집중하면 당신의 머릿속에 분명히 질문이 떠오를 것이다. 그리고 질문의 타이밍만 맞추면 된다. 그러면 당신의 인터뷰는 상황 속에 녹아들어 현장의 생동감을 더할 것이다. 질문은 되도록 단문 형태로 쉽게 하라. 현장 인터뷰는 주인공이 처해있는 상황 속에서 이루어지기 때문에 복잡하고 어려운 질문은 피하는 것이 좋다. 자칫 잘못하면 장황한 설명이 이어지고 그것은 지루함의 원인이 된다.

또한, 한낮에 벌어진 상황인데 해가 저문 후의 인터뷰를 삽입하거나 상황이 벌어진 장소가 아닌 배경이 전혀 다른 장소에서 인터뷰를 진행하면 연결이 부드럽지 못하고 화면에 이질감이 느껴진다.

질문지나 촬영 구성안에 지나치게 매몰되지 마라

　일반적으로 촬영의 시작은 조사한 내용이나 현장답사 등을 통해 미리 질문지나 촬영 구성안을 작성하는 것에서 출발한다. 그런데 급박한 현장에서 지나치게 이러한 문서에 의존하다 보면 정작 필요한 질문을 못 하는 경우가 발생한다. 질문지나 촬영 구성안은 촬영 전에 미리 숙지하고 상황에 대비하는 목적의 가이드라인일 뿐이다. 만약 촬영 구성안에 존재하지 않는 상황이 나타나면 어떻게 할 것인가? 더 좋은 상황이 존재하는데 질문지나 촬영 구성안에만 의존하는 질문만 할 것인가? 현장의 상황은 질문지나 촬영 구성안과 똑같은 형태로 절대 나타나지 않는다. 감독은 현장의 상황에 최대한 집중하고 그 상황에 맞는 질문을 생각하고 오히려 미리 작성한 질문지나 촬영 구성안 이상의 무언가를 뽑아내기 위해 노력하는 것이 현명한 방법이다.

촬영 종료를
함부로 말하지 마라

누군가가 촬영 후에 "오늘 촬영 괜찮았어요?"라고 묻는다면 "오늘 촬영은 완벽하다."라고 확신에 차서 말하기 쉽지 않다. 실제로 촬영을 끝내고 돌아오는 길은 항상 뭔가가 꺼림칙하다. 그것은 원하는 것을 찍지 못한 아쉬움일 수도 있고 의도대로 의미 전달이 되었는가에 관한 의구심에서 나오는 불편함일 수도 있다. 애초에 상황이 안 되어서 찍지 못하는 것은 어쩔 수 없다. 안 되는 것에는 미련을 갖지 마라.

촬영이 끝날 때 즈음에 주의할 것은 촬영의 종료를 함부로 공표하지 말라는 것이다. 당신이 "오늘 촬영은 여기서 끝내겠습니다."라고 말하는 순간 당신 곁에 있는 모든 출연진과 제작진은 긴장을 풀 것이고 현장을 정리하는 분위기로 전환될 것이다. 그 분위기를 다시 촬영 상태로 되돌리기는 쉬운 일이 아니다. 촬영을 마치기 전에 지금까지 찍은 내용을 당신의 머릿속에서 정리해 보라. 그리고 절대 없으면 안 되는 장면이 있는지 점검해보라.

혹시 빠트린 장면이 있으면 시간을 역행해서 촬영하는 일이 발생할 수 있다. 당신의 주인공에게는 미안한 일이지만 빠트린 장면을 설명하고 없어서는 안 되는 장면이라는 것을 강조하라. 지금까지 힘들게 촬영한 것이 아까워서라도 주인공은 충분히 이해할 것이다.

무엇을, 어떻게 이야기하겠다는 것은 당신이 마련한 기준에 의해서 움직인다. 그것은 누구도 책임질 수도 없고 당신만이 할 수 있다. 그러므로 촬영 내용이 기준을 충족했다면 촬영의 종료도 당신만이 판단할 수 있다.

ADVICE

촬영 종료 전에 반드시 다음 사항을 점검하자.

다시 찍고 싶은 장면이 있는가?
마음에 안 드는 장면이 있더라도 재촬영을 함부로 결정할 수는 없다. 시간과 장소, 출연자와 스태프와의 관계 등을 충분히 고려했을 때 가능하다고 판단될 때 실행해야 한다.

나중에 찍자고 한 장면이 있는가?
촬영 여건이나 다양한 변수에 의해서 나중으로 미루어 놓은 장면은 없는지 확인해보자.

인서트, 컷 어웨이, 설정 쇼트를 놓치지 않았는가?
상황에 집중하다 보면 연결에 필요한 쇼트를 놓치는 경우가 있다. 또는 인서트 쇼트만 따로 모아서 찍는 일도 있다.

05 영상 편집 :
어떻게 완성할 것인가?

영상 편집은 다양한 이미지의 조각들이 상호작용 속에서 연결되어 가상의 시공간이 열리고 이야기의 장을 펼치는 과정이다. 이야기의 생성과 전달은 영상 제작의 모든 과정에서 생각하고 고민해야 하는 부분이지만 완성된 이야기를 전달하는 것은 편집을 통해서만 가능하다.

이제부터는 영상을 버릴 준비를 해야 한다.
편집은 얼마나 잘 버릴 것인가의 싸움이다.

편집하려면
구성부터 하자

당신이 촬영이 끝났다고 해서 곧바로 편집을 할 수 있는 것이 아니다. 이야기를 전개할 준비가 필요하다. 이 과정이 바로 구성이다. 영상 초보자가 컴퓨터 편집 프로그램 앞에서 넋 놓고 있는 모습을 종종 볼 수 있다. 한 컷을 떼었다 붙이기를 반복하면서 확신을 하지 못하는 모습이다. 편집을 어떻게 시작해야 하는지 모르는 것이다. 실제로 편집 과정에서 이야기의 전개는 여러 갈래의 길이 존재함으로 미리 확정하지 못하면 한 발짝도 떼기 힘들다.

영상에서 구성은 소재와 주제를 관통하는 이야기의 순서를 조합하고 결정하는 것을 의미한다. 감독이 말하고자 하는 이야기의 논리적 연결인 동시에 이야기의 전략을 짜는 스토리텔링까지 포괄하는 개념이다. 예컨대 집을 짓는 과정과 비교해 보면 어디에 얼마의 예산으로 어떠한 집을 지을 것인가에 대한 계획을 짜는 것이 기획이라면, 구성은 '화장실은 어디에 위치할 것인가?' 또는 '부엌의 위치는 어디를 바라볼 것인가?'와 같은 완벽한 설계로 집의 구조를 결정하는 것이다. 어떠한 집을 지을 것인가에 관한 방향이 결정되면 내부의 구조는 끊임없이 변화하고 발전한다. 마찬가지로 이야기의 구성도 틀에 갇혀 있는 것이 아니라 얼마든지 변화한다. 그래서 구성은 생물과 같이 언제든지 살아 움직일 수 있다. 이야기의 재미와 감동은 구성의 변화에 얼마나 유연한 생각을 하느냐에 따라 달라질 수 있다.

당신의 촬영이 완벽하다고 생각하는가? 아무리 완벽한 촬영이라도 지금 당신의 이야기는 덩어리째 굴러다니는 원석에 불과하다. 원석을 정밀하게 가공하여 보석으로 만드는 것이 편집이다. 그런데 원석을 다듬기 전에 당신이 먼저 할 일은 보석으로 만들기 위한 작업의 공정을 설계하는 것이다. 자, 이제부터 원석의 상태를 확인해보자. 제작 과정에서 원석은 촬영 소스이다. 그리고 유연하고 전략적인 사고로 이야기의 순서를 조합해 보라. 이 과정이 바로 편집 구성이다. 다음은 편집 구성을 위한 절차를 간략하게 정리한 내용이다.

편집 구성의 기본적인 절차

편집 구성을 시작하기 전에 촬영 소스의 정리와 분석이 필요하다. 시간(타임코드), 쇼트와 앵글, 장면의 설명 등을 비디오와 오디오로 구분해서 글로 기록하는 프리뷰 노트를 작성하는 것이 좋은 방법이다.

꼭 프리뷰 노트가 아니어도 좋다. 하지만 편집 전에 촬영한 소스를 펼쳐놓는 작업은 필수이다. 이것은 가공하지 않은 이야기 덩어리를 펼쳐놓는 것과 같은 의미이다.

① 이야기의 줄기와 곁가지를 구분하라

일차적인 필터링 작업이다. 나무의 성장을 방해하는 곁가지들을 구분해서 솎아내듯이 촬영한 영상 중에는 분명히 기획 의도에 부합하지 않거나 내용의 재미와 개연성에 문제가 있는 이야기가 반드시 존재한다. 이야기의 곁가지를 구분하는 조건은 이야기의 일관성과 논리성이다.

② 중요 장면을 간략하게 정리하라

촬영 소스에서 활용할 수 있는 장면을 확정했다면 어디에 배치할 것인가를 결정해야 한다. 우선 중요 장면이 담긴 촬영 소스를 정리해 보라. 장면을 정리하는 방법은 촬영 소스를 상황이나 사건, 시간, 장소 등으로 나누는 것이 편하다. 각각의 장면을 구분한 다음에는 이야기별로 간략하게 내용을 정리하고 소제목을 달아두는 것이 좋다. 그다음 본격적으로 이야기의 순서를 정한다. 이 과정은 이야기의 전체 흐름을 잡는 과정이기 때문에 이야기의 순서를 여러모로 변경해보고 이야기의 흐름에 장단점을 분석해보는 과정이다.

③ 인과 관계를 토대로 구체적인 스토리를 작성하라

이야기의 구조가 완성되었다면 다음은 이야기에 살을 붙이는 과정이다. 이전 과정이 스토리의 단순한 시간적 구분이라면 원재료인 스토리를 인과 관계에 따라 가공하고 구체적으로 구성하는 과정이다. 예컨대 '신호위반을 했다. 교통사고가 났다.'가 사건의 시간적 배열이라면 '신호위반 때문에 교통사고가 났다.'라는 인과 관계를 토대로 연결 구조를 만드는 것이다. 기승전결(起承轉結)에 해당하는 각각의 촬영 소스는 일차적으로 인과 관계를 형성하도록 구성안을 작성하는 것이 바람직하다.

④ 이야기의 흐름이 원활하지 않다면 구성을 해체하라

지금까지 당신이 정리한 스토리가 마음에 드는지를 확인해보라. 이야기의 흐름이 원활하지 않다면 언제든지 해체하고 재구성할 수 있다. 작성한 편집 구성안을 읽어보고 이야기의 논리적 연결이 미흡해서 재미 또는 몰입감에 영향을 미친다면 재구성하는 것이 바람직하다. 재구성의 과정은 실제 편집하는 과정에서도 얼마든지 수정할 수 있고 심지어는 이야기의 구성이 원활하지 않으면 재촬영을 하는 경우도 빈번하게 발생한다.

이야기의 구성 방법

연역적 구성

영상의 구성 방식 중에 가장 많이 사용하는 방법으로 일반적이고 전반적인 현상으로부터 구체적이고 특정한 사실로 추론하는 과정을 말한다. 이야기의 전체적인 덩어리를 풀어헤쳐 구체적이고 특정한 사실을 얻어내는 구성 방식이다.

귀납적 구성

연역적 방식과는 반대로 구체적이고 단편적인 사실로부터 전반적이고 일반적인 사실을 도출해내는 추론 과정을 의미한다. 풀어헤쳐 있는 사실을 일반적인 사실로 묶는 것을 의미한다.

점층적 구성

이야기가 전개될수록 점점 의미가 더해져 마지막에 절정에 이르는 강조법이다. 주로 문학 작품의 구성에서 많이 활용되는 구성 방식이다.

인과 관계 구성

사건의 원인을 짚어보고 결과를 도출하는 구성 방식이다. 반대로 결과를 바탕으로 원인을 도출하는 구성 방식도 많이 활용된다.

문제는
스토리텔링이다

사람들이 감동과 재미를 느끼는 이야기에는 일정한 패턴이 있다. 우선 소재의 신선함이 있다. 사람들은 자신이 알지 못하는 새로운 정보에는 항상 관심을 두기 마련이다. 그다음은 화자(話者)의 스토리텔링 전략이 담겨 있다. 단순한 정보 제공에 그치는 것이 아니라, 이야기로 설득하는 과정에서 흥미를 유발하고 관객의 인식(이해)으로 연결된다. 이것은 복잡한 관계를 이해하기 쉽게 풀어내고 단순함 속에서 갈등을 유발하고 보편적 상황에서 극적인 상황으로 이야기를 전개하기 위해 전략적으로 사고하는 것이다.

영상도 마찬가지다. 이야기의 구성을 위해서는 '어떻게 말할 것인가?' 즉, '텔링telling'의 관점이 매우 중요하다. 이야기의 긴장감, 박진감, 호기심 등으로 관객을 붙들어 놓는 것은 효과적인 스토리텔링으로 가능하다. 영상은 서사적 구조를 갖추고 있다는 점에서 다른 시각적 장르와 확연히 구분된다. 이것은 영상이 스토리텔링의 요소가 필수적인 전달 체계임을 의미한다. 당신이 촬영한 결과물에는 기획 과정에서 미처 예상하지 못했던 다양한 사건과 상황들이 존재한다. 사방에 흩어져 있는 사건이나 현상에 구성의 틀을 세우고 여기에 관계를 설정해야 한다. 그리고 개연성과 일관성을 부여하여 씨줄과 날줄처럼 정교하게 엮어야만 이야기가 형성되고 원하는 메시지를 전달할 수 있다. 거기에는 이야기의 전개를 위한 당신만의 전략 포인트가 담겨야 한다. 스토리텔링을 단순히 시공간의 나열로 생각하면 오산이다. 다음은 효과적인 이야기의 전개를 위한 서사 전략을 정리한 내용이다.

이야기에 개연성을 부여하라

우리는 재미없는 영상을 보고 '저게 말이 돼?'라고 습관적으로 내뱉는다. 말이 안 된다는 것은 관객이 이야기 안에서 이해하지 못한다는 것이다. 그렇다면 사람들이 이야기에 빠지는 최소한의 기준은 무엇인가? 그것은 개연성^{probability}의 여부에 따라 달라진다. 개연성은 '아마도 그럴 수 있음'을 의미한다. 일종의 가능성으로 사건이나 현상을 풀어가는 데 박진감과 긴장감을 조성한다. 사건의 유기적 연결에는 개연성이 부여되어야 하고 '개연성이 충분하다.'라는 것은 영상에서 이야기의 논리적 구조를 갖추고 관객을 설득할 수 있는 관점을 뜻한다. 그러므로 개연성은 이야기의 일관성을 유지하기 위한 중요한 장치이다. 관객들은 개연성이 없는 말도 안 되는 이야기에 절대 호응하지 않는다.

편집을 완성한 후 당신에게 가장 끔찍한 말은 '영상이 무슨 이야기를 하는지 모르겠다.'라는 반응이다. 가장 힘이 빠지는 순간이다. 그것은 쇼트의 선택, 연결, 배열과 같은 편집의 문제뿐만 아니라, 이야기의 완성도가 떨어진다는 뜻이다. 그런 순간에서는 말로 변명을 하는 것은 아무런 의미가 없다. 당신의 영상을 시청하는 사람은 영상 속의 이야기로 모든 것을 판단할 뿐이다. 관객은 영상에서 전달하고자 하는 개념을 일방적으로 받아들이기보다는 개연성을 갖춘 서사적 구조 안에서 이해하기를 바란다는 것을 잊지 말라.

주장했다면 증명하라

사람들은 사실과 주장을 혼동하는 때가 있다. 사실은 실제 존재하는 일을 의미한다. 주장은 자신의 의견을 강력하게 표출하는 것을 말한다. 그런데 주장은 반드시 근거를 제시해야 한다. 그래야만 설득력이 있다. 예컨대, '술은 건강에 해롭다.'라는 것은 일반적인 사실이다. 그런데 '술은 스트레스 해소에 도움이 된다.'라는 말은 주장이다. 근거를 제시하고 증명해야만 사실로 받아들일 수 있다.

영상에서 감독의 의도는 대부분 주장이다. 맛집을 소개하는 정보 프로그램에서 음식이 맛있다는 것을 내레이션과 인터뷰와 같은 말로만 설명한다면 누가 공감하겠는가? 음식이 맛있는 이유와 근거를 영상의 표현으로 녹여내야 한다. 영상에서 사실과 주장은 전혀 다른 형태의 메시지로 전달된다. 주장을 아무런 증명 없이 사실처럼 이야기하지 말라. 그것은 당신의 영상을 자신의 말만 옳다고 주장하는 꼰대와 같은 영상으로 만드는 일이다.

꼬리에 꼬리를 무는 전략을 세워라

탐사 프로그램에서 사건의 실마리를 파헤쳐가는 과정은 관객에게 긴장감과 박진감을 조성한다. 제보를 통하여 최초 사건의 정보를 제공하고 사건의 실타래를 조금씩 풀어내는 과정을 그려낸다. 그런데 여기에는 구성의 교묘한 전략이 숨어 있다. 일종의 감추기 전략으로 사건이 일어난 이유와 방법을 감추고 관객의 호기심을 지속해서 자극한다. 관객이 사건에 빠져들어 안 볼 수 없게끔 만드는 것이다. 영상을 더 보고 싶게 만드는 것은 다음이 궁금할 때라는 것을 명심해야 한다. 호기심은 '무언가를 알고 싶어 하는 마음'이다. 이것은 인간의 본능이다. 영상에서 문제를 제기하는 순간 관객의 궁금증은 계속 쌓이게 마련이다. 이러한 궁금증을 풀어내는 과정은 관객이 이야기에 빠져드는 훌륭한 전략이다.

촬영과 편집을
분리하지 마라

영상은 기본적인 제작 과정을 거쳐야 탄생할 수 있다. 영상을 제작하는 이유와 방법을 계획하고 그것을 실행에 옮기면 당신이 의도한 이야기는 촬영 소스라는 이름으로 무분별하게 펼쳐져 있다. 그것을 편집으로 정리하여 관객에게 재미와 감동을 전달한다. 이처럼 영상의 제작 과정은 당신의 의도를 중심으로 상호 긴밀하게 연결되어 있다. 하나의 과정이 실패하면 다음의 과정에서 성공을 담보할 수 없는 구조이다.

혹시 편집이 촬영의 실수를 만회할 수 있는 절호의 기회라고 생각하는가? 만약 이런 생각을 하고 편집을 한다면 당신의 영상은 엉망이 될 것이다. 물론 편집은 당신이 실수한 장면을 삭제할 수도 있고 덮어버릴 수도 있다. 그런데 실수한 장면이 당신이 이야기를 완성하는 데 없어서는 안 되는 장면이라면 어떻게 할 것인가? 조금 더 구체적으로 장면을 설계하는데 필수적인 쇼트가 없다면 어떻게 할 것인가?

당신은 촬영이 미진하거나 잘못되면 '편집에서 커버하면 되지.'라고 판단할 수 있다. 영상 표현이 미진한 부분에는 그래픽으로 대체하고 컷이 부족하여 연결이 부드럽지 못하면 온갖 편집 효과 등을 동원하면 된다고 생각할 수 있다. 장담컨대 어떠한 그래픽과 편집 효과도 촬영으로 표현된 영상만큼은 미치지 못한다. 그래픽과 편집 효과는 적재적소에 활용해야 가치가 있다.

편집을 실행하기 전에 이야기를 완성할 수 있는 촬영이었는지 스스로 물어보라. 무엇이 부족하고 무엇이 풍족한지 알아야 편집 계획도 수립할 수 있다. 편집을 지엽적으로 해석하지 말라. 편집은 단순히 자르고 삭제하는 것이 아니라, 당신이 촬영 과정에서 펼쳐놓은 이야기를 갈고 다듬는 것이다. 편집이 관객들에게 재미와 감동을 끌어내는 최후의 수단이지만 당신의 의도가 담긴 촬영 없이는 불가능하다는 것은 분명하다.

편집의 시작은
데이터 관리부터이다

효과적인 촬영 데이터 관리는 편집을 원활하게 돌아가도록 하는 윤활유의 역할을 한다. 편집을 편하게 하려면 당신이 찾는 영상이 그 자리에 있어야 한다.

데이터 백업은 폴더별로 프로젝트 이름과 함께 반드시 촬영 날짜를 기록하자. 당신이 현장에서 집중했다면 그 날짜에 무슨 일이 있었는지 대부분 기억에 남는다. 그리고 그 날짜에 찍은 쇼트, 앵글 그리고 장면까지 당신의 머릿속에 그려진다. 여기서 중요한 것은 파일의 순서가 절대 바뀌면 안 된다. 파일의 순서가 뒤죽박죽되는 순간 당신에게 엄청난 혼란이 찾아온다. 편집은 시작도 못 하고 찍은 파일을 찾고 정리하는 것에 지칠 것이다. 당신이 원하는 영상을 선택하고 연결하려면 촬영 데이터를 효과적으로 관리하는 것부터 시작해야 한다.

편집은
창조적 파괴의 과정이다

편집에는 공식도 없고 정답도 없다. 만약 다섯 명의 편집자에게 같은 촬영 소스를 주고 편집을 해보라고 하면 다섯 개의 각기 다른 작품이 탄생할 것이다. 쇼트를 선택하고 잘라내고 배열하는 과정에서 이야기의 전개, 주인공의 성격 묘사, 심지어는 컷팅 포인트도 제각각이어서 편집의 호흡도 다르게 나타날 것이다. 그런데 다섯 개의 작품 중에서 관객이 재미있다고 느끼는 작품이 있다면, 그것은 창조적 파괴를 잘한 작품일 가능성이 크다. 편집은 얼마나 잘 버릴 것인가의 싸움이기 때문이다.

한 장면의 편집을 위해서는 당신이 촬영한 쇼트 중에 '무엇을 보여주고, 무엇을 보여주지 않을 것인가?'를 선택해야 한다. 이 과정에서 영상의 대부분은 버려진다. 그리고 당신이 편집에서 활용할 쇼트를 선택했다면 다음은 '프레임 안에서의 어떤 부분을 보여줄 것인가?' 그리고 '몇 초간 보여줄 것인가?'에 대한 압축과 요약의 과정이 뒤따른다. 컷의 연결을 위해 재단하고 가공하는 것이다. 이 과정에서도 당신이 선택한 수많은 쇼트는 필연적으로 잘리고 버려진다. 이처럼 편집은 쇼트가 모여서 장면을 이루고, 장면이 모여서 이야기가 형성될 때까지 버려야만 결과물을 얻어낼 수 있는 창조적 파괴의 연속이다.

편집 과정에서 당신에게 필요한 자세는 영상을 과감하게 압축하고 요약하는 것이다. 그리고 버리는 것에 익숙해지는 것이다. 당신이 버리는 것의 냉정함을 잊는 순간 영상의 지루함은 물론이고 이야기의 재미까지 잃게 될 것이다.

다음의 말을 되새겨 보라. 미국의 유명 언론인 조셉 퓰리처가 글을 쓰는 요령을 설명한 유명한 말이다. 영상 편집에서도 당신에게 필요한 자세일 수 있다.

무엇이든 짧게 써라. 그러면 읽힐 것이다.
명료하게 써라. 그러면 이해될 것이다.
그림같이 써라. 그러면 기억 속에 머물 것이다.

– 미국의 언론인, 조셉 퓰리처(Joseph Pulitzer) –

누군가 내게 '어떻게 하면 편집을 잘할 수 있습니까?'라고 묻는다면 해줄 수 있는 말은 아무것도 없다. 유일하게 강조하고 싶은 것은 당신의 이야기에 조금이라도 방해가 되는 요소가 있다면 과감하게 잘라낼 수 있는 용기와 판단력을 가지라는 것이다. 편집은 많은 시행착오 끝에 자신의 창의성을 발휘할 수 있는 과정이다. 편집에서 창의성은 당신이 촬영으로 마련한 수많은 이야기를 잘 버리는 것에서 출발한다.

ADVICE

효과적인 압축과 요약의 방법

상황에 적합한 영상을 선택하자

아무리 훌륭한 영상이라도 이야기의 흐름에 방해가 된다면 잘라내야 한다. 관객의 관점에서는 좋은 영상보다 이야기에 어울리지 않는 영상이 더 기억에 오래 남는다.

완벽한 연속성을 추구하지 말자

장면의 연속성을 지나치게 추구하다 보면 컷의 수가 많아지고 반복적인 컷이 계속된다. 관객은 교육의 대상이 아니다. 관객은 주인공의 모든 행동을 보고 싶은 것이 아니라, 핵심적인 것만 보고 싶은 것이다.

관객이 아는 사실은 생략한다

이야기의 전개 과정에서 관객이 충분히 인지할 만한 장면은 생략한다. 이것은 편집자의 의도적 생략이다. 관객은 이야기가 빠르게 전진하기를 바란다. 충분히 인지하고 있는 내용을 또 볼 이유는 없다.

컷을 유기적으로
연결하라

가장 훌륭한 편집은 관객이 편집했다는 것을 모르는 것이다. 이 말은 카메라 프레임 안의 정보와 그것의 잘린 조각(컷)들이 편집자의 의도에 따라 자연스럽게 연결되어 있다는 방증이다. 즉, 정보를 요약하여 자연스럽게 배치해야만 관객이 현실의 세계인 양 영상에 몰입할 수 있는 것이다. 이것은 관객과 시공간을 공유하는 것이다.

최근에는 영상의 다양성이 중시되면서 편집의 트렌드가 고전적인 문법에 의존하기보다는 직관적인 흐름에 따르는 것으로 변하고 있다. 그런데 문제는 아무리 현란하고 직관적인 영상이라도 관객은 기존의 영상 문법에 익숙해져 있다는 것이다. 즉, 기본적으로 편집에서 연결의 자연스러움은 갖춰야 한다. 또한, 편집은 관객이 '이해할 수 있음'을 전제로 이루어진다. 이야기 속에서 이해하지 못한다면 영상에 몰입할 이유가 사라진다는 것은 분명하다. 특히 오랫동안 관습에 의해 축적된 편집 문법은 컷의 연결성을 강조하기 위한 다양한 방법을 제시하고 있다.

액션을 매치^{Match}하라

관객은 장면을 이해하기를 원한다. 그것은 카메라의 위치, 각도, 구도 등이 한곳에 머물러서는 불가능하다. 관객은 쇼트의 변화로 장면을 이해하고 관습적으로 반응한다. 물체를 멀리서 표현했다면 이어지는 컷에서 관객은 가까이서 보고 싶을 것이다. 이처럼 컷의 연결은 관객의 심리와 연동한다. 만약 관객의 심리와 괴리가 발생하면 잘못된 편집이라고 판단한다.

편집의 기본 개념을 가장 쉽게 확인하는 방법은 조형적 유사성을 가진 두 개의 컷을 이어붙이는 것이다. 이것을 '조형적 매치'라고 한다.

주인공이 커피를 들고 앉아 있다. 커피를 마시기 전에 컷을 자르고,

조형적 유사성을 가진 다음 프레임에서
커피를 들어 마시면 자연스럽게 연결된다.

　　예를 들어 주인공이 벤치에서 커피를 들고 앉아 있다. 다음의 컷
에서 커피를 마시는 장면으로 이어진다면 자연스럽게 연결된다. 관객
은 프레임 안의 행동이 완벽하게 연결되면 편집이 되었다는 것을 알아
채지 못하고 하나의 장면처럼 인식한다. 주의할 점은 이미지의 크기와
각도를 변경할 때는 대상의 동작이 발생하기 전에 컷팅 포인트를 잡
는 것이 중요하다.

**화면의 전환은
컷으로 한다**

화면의 전환은 크게 컷(cut), 믹스(mix), 페이드 (fade)로 나뉜다. 그중 화면 전환의 가장 기본이 되는 방법은 컷이다. 만약 디졸브(dissolve) 또 는 페이드와 같은 방법을 활용한다면 제대로 연결되었는지 확인하기 어렵다. 디졸브, 페이드와 같은 효과는 당신이 연결하는 모든 컷이 부드럽게 연결되는 듯한 착각을 일으킨다. 그리고 영상을 촌스럽게 만든다.

영상 편집 프로그램 화면 한쪽에는 수많은 화면 전환 효과가 준비되어 있다. 일단 그 창을 닫고 편집하자. 상황에 맞지 않는 화면 전환 효과는 오히려 독 이다. 만약 쇼트를 잘라서 컷으로 연결했는데 부드럽지 못하다면 잘못된 편집 이다. 그러면 다음에 해야 할 일은 영상을 잘라내거나 다른 영상을 선택해서 또다시 컷으로 연결하는 것이다.

방향성을 매치하라

매치는 컷의 연결 과정에서 피사체의 위치, 시선, 움직임의 일치를 의미한다. 시공간뿐만 아니라 물리적인 소품과 같은 요소들이 이야기 속에서 이질감이 들지 않도록 하는 것이 목적이다.

옥의 티를 만들지 말라. 방향성이 파괴되면 관객은 혼란스럽고 사실감도 파괴된다.

선행 컷에서 오른손으로 컵을 들고 물을 마셨다면 이어지는 후행의 컷에서도 컵을 들고 있는 손은 같아야 한다. 또한, 주인공이 오른쪽으로 프레임 아웃frame out 했다면 다음의 컷에서는 왼쪽에서 프레임 인frame in으로 화면에 들어와야 방향성이 일치한다. 만약 영상에서 방향성이 일치되지 않는다면 이야기의 흐름이 깨지고 관객을 혼란스럽게 만들 것이다. 위에서 강조했듯이 관객이 편집했다는 것을 눈치채지 못하는 것이 가장 훌륭한 편집이다.

리듬감을 확보하라

영상에서 리듬감은 컷의 길이를 조정하여 긴장감을 조성하거나 반대로 편안함을 조절하는 것을 말한다. 예컨대 TV 뉴스의 영상은 대부분 3초를 기준으로 컷의 길이를 결정한다. 특별한 카메라의 움직임이 있지 않은 이상 대체로 3초를 기준으로 컷이 연결되는 구조이다.

TV 뉴스의 영상은 이야기의 전달보다는 단순한 정보 전달이 목적이기 때문이다. 이에 반해 영화의 추격 장면에서는 컷의 길이를 짧게 함으로써 급박함을 표현하고 여행 프로그램에서 아름다운 풍광은 호흡을 길게 하여 여유로움을 표현한다. 이처럼 컷의 완급 조절로 템포와 리듬에 맞춰 장면의 분위기를 연출하는 것이다. 관객이 장면을 통해 느끼는 모든 감정은 촬영과 편집의 복합적인 요소로 표출되지만, 그중에 편집의 운율감 또한 관객의 심리를 작동하는 데 매우 중요한 요소이다.

ADVICE

**프레임 단위로
편집하자**

디지털 영상은 정지된 사진이 연속적으로 바뀌면서 움직이는 것처럼 보이는 것이다. 쉽게 말해 초당 프레임(frame per second, FPS)은 1초당 몇 장의 사진으로 구성할 것인가를 결정하는 것이다. 정지된 사진 한 장이 한 프레임이다. 영화의 경우 초당 프레임은 24프레임이 기준이며, NTSC(National Television System Committee, 미국 텔레비전 표준방식위원회) 방식의 TV는 30프레임이 기준이다.

화면을 정밀하게 가공하고 싶다면 프레임 단위로 편집하자. 영상은 정지된 화면의 연속되는 동작이다. 특히 피사체의 행위가 있는 쇼트에서 정확한 컷팅 포인트를 잡을 때 프레임 단위로 조정해 보자. 다섯 프레임을 더 보여주느냐 덜 보여주느냐에 따라서 연결의 자연스러움이 달라질 수 있다. 한 프레임은 사람의 눈으로는 인식할 수 없지만, 장면의 박진감과 긴장감은 최소 몇 프레임 단위로도 분위기가 바뀔 수 있다.

컷 어웨이 쇼트를 활용하라

　편집에서 컷의 연결은 이야기를 전개하기 위한 기본적인 과정이다. 그런데 컷을 이어붙이는 과정에서 부드럽게 연결되지 않는 경우는 무수히 많다. 적합한 쇼트가 없거나 상황이 맞지 않거나 심지어는 인물의 표정이 마음에 들지 않을 수도 있다. 이때 컷과 컷 사이에서 컷 어웨이 쇼트$^{cut\ away\ shot}$는 화면의 연속성을 파괴하지 않고 부드럽게 컷을 연결하는 데 중요한 역할을 한다.(100쪽 '쇼트의 이음매, 컷 어웨이 쇼트' 참고) 컷 어웨이 쇼트는 이야기의 전개와는 크게 관련이 없다. 단지 연결을 위한 쇼트로 활용된다. 주의할 점은 관객이 이질감을 느끼는 상황과 전혀 어울리지 않는 쇼트는 금물이다.

　이제부터 당신이 직접 촬영한 것을 편집해 보라. 그러면 촬영하면서 조립했던 그림이 자연스럽게 당신의 머릿속에 떠오를 것이다. 그리고 편집에서 한 컷씩 조립해 보라. 여기서 중요한 점은 당신이 가공하여 잘라낸 컷을 어디에 배치하는 것이 관객들의 관습적인 인지에 가장 도움이 되는지를 판단하는 것이다.

필수 정보는
반드시 노출하라

러시아의 영화 감독 쿨레쇼프^{Lev Vladimirovich Kuleshov}는 쇼트의 병치 (대조적인 이미지의 조합)를 영화의 표현 방법으로 중요하게 생각했다. 그는 무표정한 사람의 얼굴을 클로즈업으로 찍고 이어지는 컷으로 식탁 위의 음식, 아이의 관, 소녀의 쇼트를 각각 연결하였을 때 관객이 느끼는 반응을 실험하였다. 결과적으로 식탁의 음식은 배우가 배고픔을 표현하는 것처럼, 아이의 관은 슬픔을, 그리고 소녀의 모습은 욕망을 연기하는 것처럼 보이는 결과를 보였다. 이것은 쇼트가 연결되는 관계성에 주목한 것으로 다음에 이어지는 화면의 정보에 따라 관객이 느끼는 정서적 반응이 다르게 나타난다는 것을 발견한 것이다.

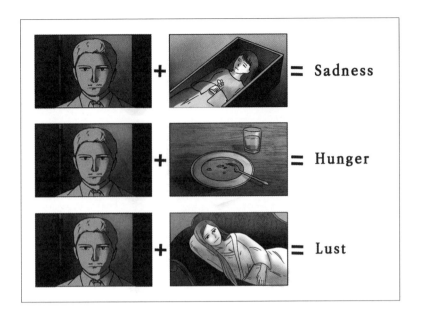

관객에게 정보란 프레임 안의 화면이 전부이다. 그리고 정보가 쌓이면 서사의 명쾌함을 선사한다. 그런데 편집자가 필수 정보를 제약한다면 관객이 화면 속에서 느끼고자 하는 감정의 공유를 파괴해 버리는 것이다. 화면의 필수 정보를 제대로 보여주지도 않고 관객이 그 장면을 이해하기를 바라는 것은 불친절함을 넘어 무례한 것이다.

다음의 예를 살펴보자.
① 연인이 백사장을 거닐고 있다.
② 백사장을 거닐던 연인이 멈춰 서서 한 곳을 응시한다.

여기까지 당신은 무엇이 상상이 되는가? 우리는 지금까지의 정보로는 알 수가 없다.

③ "사람 살려!"라는 소리와 함께 물에 빠진 사람이 어렴풋이 보인다.

④ 주변의 사람들이 몰려든다.

⑤ 응급구조대가 뛰어들어 물에 빠진 사람을 구한다.

이 다섯 개의 쇼트는 이야기의 구조를 갖추고 있다.
첫 번째 쇼트는 상황을 설명하고 이야기의 시작을 알린다.

이 쇼트는 사건의 발생을 알리고 관객의 궁금증은 증폭된다.

이 쇼트는 관객이 알아야 하는 필수정보로

이야기의 긴장감과 몰입도는 최고조에 달한다.

물에 빠진 사람을 구하며 사건은 해결된다.

이처럼 정보가 쌓이면 이야기가 명확하게 전달된다. 그런데 다섯 가지의 쇼트 중에 ③번의 '사람 살려!'라는 소리와 함께 물에 빠진 사람이 너무 멀리 보여서 카메라의 프레임에 제대로 담기지 않았거나 혹은 카메라가 너무 심하게 흔들려서 편집에서 잘라내 버린다면 어떻겠는가? 그것은 정말 바보 같은 짓이다. 사건의 인과 관계에서 원인이 빠져 장면의 완성도에서 확연한 차이가 발생한다. 이 쇼트는 아무리 카메라 프레임에 문제가 있더라도 편집에서 반드시 표현해야 하는 필수 정보이다. 오히려 카메라의 심한 흔들림이 현장성을 배가시켜 긴장감을 유도할 수 있다.

관객은 필수 정보가 빠져 편집에서 틈이 보이는 순간 '뭐, 저래?'라는 즉각적인 반응을 나타낸다. 화면의 중요한 단서를 제공하지 않으면 관객은 쉽게 지친다. 화면의 정보는 관객이 보고 싶은 것을 제때 보여줄 때 진정한 가치가 있다.

ADVICE

정보의 나열은 오히려 독이다

영상에서 서사의 명확함을 위해서는 정보의 효과적인 관리가 중요하다. 무분별한 정보의 나열은 관객에게 오히려 혼란함을 가중시킨다. 서사의 명확함을 위한 정보는 관객의 시각으로 바라보는 것이 무엇보다 중요하다. 다음은 정보 선택을 위한 기준을 설명한 내용이다.

① 관객이 시각적으로 이해할 수 있는가?
② 이야기의 일관성에 방해되지 않는가?
③ 관객의 흥미와 호기심을 유발하는가?
④ 화면의 연속성에 방해되지 않는가?

더 보고 싶은
영상을 만들어라

관객은 이야기의 논리적 연결이 조금 부자연스러운 것은 참을 수 있지만, 영상의 지루함은 절대 용서하지 않는다. 지루함은 영상의 집중력을 떨어트리고 결국 관객은 당신의 영상을 이해하려고 노력하지도 않을 것이다. 그것이 TV라면 채널을 돌리고, 유튜브라면 더 재밌는 영상을 찾아 나설 것이다. 만약 영상이 지루한 이유가 소재의 한계라면 편집에서 할 수 있는 일은 많지 않다. 그것은 기획 과정에서 소재의 발굴부터 잘못된 것이다. 그런데 이야기의 흐름에 방해가 되는 요소들 때문에 발생하는 지루함이라면 그것은 편집 과정에서 '버림'이라는 기본을 지키지 못했기 때문이다.

나는 다큐멘터리 한 편을 제작하는 데 대략 3~4TB 정도의 용량을 촬영한다. 한 시간짜리 다큐멘터리를 기준으로 했을 때, 그중에

90% 이상의 촬영 소스가 버려진다. 단순히 쇼트, 앵글, 구도, 조형감 등을 고려했을 때 프레임의 구성에 문제가 있거나 어울리지 않는 이야기를 버리는 것은 쉬운 일이다. 편집에서 진정한 난제는 좋은 부분을 버려야 할 때이다. 즉, 쓰고 싶은 마음에 아까워서 못 버리는 경우이다.

몇 년 전에 한국의 전통 음식을 소개하는 영상 중에 '된장' 편을 제작한 적이 있다. 외국인이 한국의 전통 음식 제조법을 전문가에게 배워보는 콘셉트의 영상이다. 우리나라의 모든 전통 음식이 그러하듯 된장을 만드는 과정도 복잡하다. 콩을 씻어서 불리고 삶고 메주를 만드는 과정, 그리고 장독에 미리 숙성시켜 놓은 메주를 된장으로 제조하기까지의 과정을 절차대로 촬영한 후 나름대로 촬영 결과가 만족스러웠다.

다음날부터 편집에 들어갔다. 그런데 20분짜리 영상을 만들어야 하는데 엄청난 양의 촬영 소스를 버리고도 40분을 넘기고 말았다. 시간도 문제지만 지나치게 과정 중심의 영상이라서 지루한 것이 더 큰 문제였다. 유일한 방법은 잘라내는 것이다. 일단 전통 음식 전문가가 말로 설명하는 부분을 대폭 줄였다. 사람이 말로 설명하는 것보다는 영상으로 표현하는 것이 훨씬 지루함이 덜하다. 그리고 이야기의 흐름은 되도록 건드리지 않고 과정을 중요 부분만 핵심적으로 압축했다. 아깝다고 생각하는 것을 과감하게 버렸다. 그런데 흥미롭게도 영상은 한결 나아졌다. 내용의 이해는 물론이고 오히려 영상의 콘셉트도 명확해졌다.

있으면 좋고 없어도 그만인 내용은 과감하게 버려라. 그것은 '이야기에 흡수될 만한 내용인가?'라는 의문이 들거나 확신이 없다는 것이다. A부터 Z까지 영상으로 이야기할 수는 없다. 당신이 필요한 좋은 이야기만 핵심적으로 압축해서 활용해야 한다. 그러면 당신은 군더더기 없는 영상을 만들 수 있을 것이다. 내가 영상을 제작하면서 들었던 가장 기분 좋은 얘기는 "영상을 더 보고 싶은데요?"라는 말이다. 관객에게 영상을 최종적으로 선보일 때는 관객이 더 보고 싶은 아쉬움이 남도록 만들어라.

ADVICE

장면을 최대한 짧게 편집하자

촬영한 소스를 편집 프로그램에서 열어보면 하나의 장면 속에서 다양한 쇼트가 포함되어 있을 것이다. 일단 중복되는 쇼트를 걸러내자. 이것은 당신이 활용할 수 있는 장면의 일차적인 필터링 작업이다. 다음은 선택한 쇼트의 컷팅 포인트를 잡는 것이다. 선택한 쇼트에는 분명히 중요 정보가 담겨 있을 것이다. 중요 정보의 앞과 뒤를 정교하게 잘라내자. 여기서 핵심은 당신이 컷의 연결에 이질감을 느끼지 않는 범위 내에서 컷을 최대한 짧게 유지하는 것이다. 다시 말해, 화면에 노출될 필요 없는 부분은 과감하게 걷어내라는 의미이다.

이렇게 짧게 유지한 컷을 연결한 뒤 장면을 확인해 보자. 관객이 이해하는 데 지장이 없다면 성공이다. 그리고 장면에서 역동성을 확실하게 느낄 수 있을 것이다.

서론이 길면 지루하다

세상의 모든 사람은 자신만의 이야기가 있다. 거기에는 이야기를 끌고 가는 주인공이 있고 그 주인공은 특별한 배경을 가지고 있다. 그리고 주인공을 중심으로 사건이 벌어진다. 이것은 초등학생 아들이 학교에서 겪은 일을 당신에게 전달하거나, 당신이 아내에게 회사에서 벌어진 일을 전달할 때 활용하는 기본적인 이야기의 구조이다. 그런데 문제는 본격적인 사건에 들어가기 전에 배경 설명이 지나치게 길면 듣는 사람이 지친다는 것이다. 그러면 우리는 '서론이 너무 길다.' 라고 호소한다. 이 말은 사건의 본질로 빨리 들어가 달라는 간곡한 요청이다.

영상에서도 장황한 배경 설명은 엄청난 지루함을 유발한다. 사람들은 사건의 본질에 목말라 한다. 특히 신을 짧게 유지하라. 짧은 신들이 자연스러운 조합으로 연결되면 관객은 영상의 역동성을 느낀다.

당신의 아이가 자전거를 배우는 과정을 영상으로 제작한다고 가정해보자. 우선 무엇이 이야기의 핵심인가를 파악해보라. 당신은 아이가 자전거를 배우면서 수십 번 넘어지고 그것을 극복하고 아빠의 도움 없이 혼자서 자전거를 탈 수 있게 되는 아름다운 결론을 머릿속에 그릴 것이다. 그런데 당신이 서론에서 안전모 착용과 무릎 보호대의 중요성을 설명하고 자전거 타는 요령을 말로 장황하게 설명한다면 관객은 당신의 영상에서 눈을 돌릴 것이다. 이 장면의 서론은 태어나서 처음으로 자전거를 타보는 아이의 설렘과 긴장감 정도만 표현하면 된다. 관객은 최대한 빨리 아이가 자전거를 타는 모습을 보고 싶다. 만약 당신이 자전거를 타는 방법에 관한 매뉴얼 영상을 만드는 것이 아니라면 자전거를 타기 전의 장황한 설명은 과감하게 잘라내라. 그리고 되도록 빨리 이야기의 본질로 관객을 안내하라.

사람들은 일방적인 설명보다는 상황 속에서 이해하기를 원한다.

자전거를 배우는 과정에서 다양한 사건이 발생하고

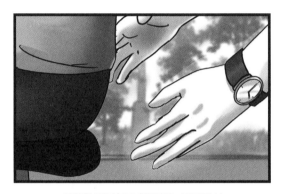

이것을 극복하고 해결하는 과정에서

관객은 이야기의 역동성을 느낀다.

물론 영상에서 이야기의 배경을 설명하는 것은 중요하다. 하지만 그것은 짧을수록 좋다. 영상은 매우 직접적이고 구체적인 매체이다. 그것에 더해 최근의 영상 트렌드는 내용의 본질에 빠르게 접근하는 직관적인 형태로 변화하고 있다는 것을 잊지 말라.

ADVICE

**두괄식으로
편집하자**

영상에서 시간과 공간의 흐름으로만 구성하여 편집하면 단조롭고 장황해질 우려가 있다. 이때는 다른 구성 방식과 혼합하여 활용하는 것이 좋다. 전하고자 하는 의도는 대부분 주장이라 볼 수 있으므로 관객에게 이야기의 본질을 먼저 전달하는 두괄식 편집이 유리하다. 이야기 전체를 대변하는 구체적 사례나 에피소드 등을 중심으로 이야기의 방향을 먼저 드러내면 관객의 시선을 잡아둘 수 있다. 그다음에 관객이 예측하거나 알 수 있는 내용은 핵심적으로 압축하여 전달할 수 있다.

관객과의 약속은
지켜라

    당신의 일상을 브이로그 촬영한다면 어디에서 어떻게 끝낼 것인가는 미리 계획되어 있을 것이다. 또한, 특정 사건이나 현상에 대해 문제의식을 느끼고 접근했다면 당신은 갈등이나 문제점이 해소되는 지점과 방법을 고민할 것이다. 이처럼 당신이 관객에게 문제를 드러내는 순간 결론은 거의 정해져 있다. 예컨대 당신의 아들이 레고를 조립하는 과정을 영상으로 만든다면 결론은 과정의 어려움을 극복하고 레고를 완성한 아들의 기쁜 표정으로 끝내야 한다. 만약 아무런 이유 없이 레고 조립을 완성하지 못하고 중간에서 끝난다면 처음부터 영상을 시청한 관객은 당신에게 분명 육두문자를 날리고 있을 것이다.

    모든 이야기의 초반은 관객이 사건이나 현상에 대해 문제의식을 느끼도록 유도한다. 만일 인물이 중심이라면 등장인물의 성격 묘사와 관계 설정, 그리고 갈등 요소를 차츰 풀어낸다. 이 과정에서 관객이 접하는 다양한 이야기는 관객의 호기심과 상상력을 자극한다. 여기서 중요한 것은 관객과의 약속이다. 우리가 이야기의 논리적 전개로 문제를 풀어가는 과정은 결론에서 관객에게 궁금증을 해소해 주겠다는 일종의 약속이다. 그 약속을 지키지 않으면 관객은 엄청난 배신감을 느낀다. 어떤 식으로든 관객에게 이야기의 끝은 알려줘라.

몇 해 전 '우유'를 소재로 다큐멘터리를 제작했다. 이 프로그램은 '저장 사료보다 풀을 먹인 젖소에서 짠 우유가 사람의 인체에 더 유익하다.'라는 주장에서 출발했다. 과학적 근거와 모집단 실험 그리고 입체적 구성을 통해 근거를 제시해야 했다. 실제로 논리적 근거를 제시하여 풀을 먹인 젖소에서 짠 우유가 사람의 인체에 더 유익하다는 결론에 도달했다. 이것은 프로그램을 제작한 이유이자 시청자와의 약속이다. 만약 그것에 실패하거나 두루뭉술한 결론에 도달하면 관객은 무엇을 이야기하는지 모른다. 그리고 속았다고 생각한다.

모든 관객은 명확한 결론을 요구한다. 그리고 그 속에 함의된 메시지의 전달을 요구한다. 당신이 내놓은 문제와 마지막의 결론이 어울리는지 확인해보라. 만일 어울리지 않는다면 편집에서 재구성하라. 편집은 명확한 결론을 전달할 수 있는 마지막 수단이다.

**결론을 장면으로
구성하자**

지금까지 내가 제작했던 프로그램의 사례를 살펴보자. 농업용수가 부족하여 농사를 제대로 짓지 못하는 부부 이야기의 결론은 절에서 비가 오기만을 기도하는 장면이었다. 또한, 이웃 간 소통의 중요성을 이야기하는 프로그램의 결론은 이웃이 모여서 캠핑을 즐기는 장면이었다. 이처럼 영상의 결론을 장면으로 완성하면 이야기를 명확하게 마무리할 수 있다.

촬영 과정부터 이야기를 어떻게 끝낼 것인가를 계획해두자. 그리고 장면으로 완성하자. 편집에서 이야기의 결론으로 쓰일만한 장면이 없으면 두루뭉술한 형태로 결론을 맺을 가능성이 크다.

인터뷰는 짧을수록 좋다

나는 인터뷰는 절대 30초를 넘기지 않는다는 철칙이 있다. 이것은 관객이 집중해서 들을 수 있는 절대적인 시간이다. 장황한 인터뷰는 지루함을 유발하고 서사의 명쾌함을 방해한다. 영상에서 인터뷰는 이야기의 전달, 연결, 정리와 같은 중요한 역할을 한다. 그런데 문제는 매우 일방적이라는 것이다. 답변자는 자신의 주장이나 생각을 일방적으로 쏟아낸다. 인터뷰 내용이 논리적이거나 일관성이 있으리라고 생각하는 것은 지나친 기대감이다. 내용 대부분은 사족이거나 당신의 이야기와 어울리지 않을 것이다. 사족이라고 판단되는 부분은 모두 버리고 핵심적인 부분만 잘라내서 활용해라. 그것은 짧을수록 좋다. 짧은 메시지 속에 핵심을 담아 전달하는 것이 인터뷰를 편집하는 중요한 요령이다.

관객은 핵심만 듣고 바로 영상으로 보고 싶어 한다. 영상 표현과 인터뷰가 조화롭게 연결되어야 하는 이유이다. 사건의 배경부터 결과까지 모든 것을 사람의 말로 설명하는 것은 영상으로 표현되는 정보와는 분명한 차이가 있다.

다음은 노량진 고시원에서 공무원 시험을 준비하는 사람에게 인터뷰한 내용 중의 일부이다. 이 인터뷰를 어떻게 편집했는지 비교해 보기 바란다.

[질문] 지금 이 시기에는 유혹에 민감하지 않나요?

[답변] 저는 지금 1년 차라 확실히 잘 모르겠어요. 이렇게까지 하면 될까? 그 생각도 들고 근데 다른 사람 합격 수기를 많이 본 거 같아요. 그걸 참조해서 이렇게 생활하면 나도 할 수 있을 거란 생각이 들었어요. 최대한 유혹을 참아내죠. 절제하고. 그런데 진짜 힘들어요. 군대도 전역했고 외부의 압박이 없는 상태에서 절제된 생활을 한다는 게 쉽지만은 않아요. 그래서 스스로 자책도 많이 하고 반성도 많이 하죠. 이제는 하고 싶은 거니까 일단은 빠른 기간 안에 빨리 합격하는 게 최선인 거 같아서 1년 버리려고요. 저한테.

[질문] 1년을 버린다는 게 무슨 의미예요?

[답변] 공부만 하는 거지, 저의 욕망으로 1년을 쓰고 싶지 않다는 거예요.

이 인터뷰의 전체 길이는 1분 3초이다. 질문의 요지는 20대의 나이에 유혹이 많은데 그것을 어떻게 참아내고 있는가를 묻는 것이다. 인터뷰의 전반적인 내용은 유혹을 참는 방법과 그것의 어려운 심경을 이야기하는 것으로 다양한 내용이 담겨 있다. "다른 사람의 합격 수기를 보면서 참고한다."라는 말은 내용의 특별함이 없다. "최대한 유혹을 참아내고 절제해야 한다. 그런데 어렵고 힘들다."라는 내용은 막연하고 명확함이 부족하다. 가장 명확하게 뇌리에 박히는 내용은 "자신의 인생에서 1년을 버린다는 심정으로 공부에 매달린다."라는 청년의 절박한 심정을 말한 부분이다. 다음은 실제 방송프로그램에 편집된 내용이다.

[답변] 외부의 압박이 없는 상태에서 절제된 생활을 한다는 게 쉽지만은 않아요. 빠른 기간 안에 빨리 합격하는 게 최선인 거 같아서 1년 버리려고요. 저한테.

[질문] 1년을 버린다는 게 무슨 의미예요?

[답변] 공부만 하는 거지, 저의 욕망으로 1년을 쓰고 싶지 않다는 거예요.

위의 편집한 인터뷰의 전체 길이는 22초이다. 여기서 1년을 버린다는 내용을 되묻는 것은 핵심적인 내용을 강조하고 확인하기 위한 것이다. "빨리 합격하는 게 최선인 거 같아서 1년 버리려고요, 저한테."라는 말속에 주인공의 의지가 명확하게 전달된다.

장황한 인터뷰를 기억하는 관객은 없다. 그리고 지겨워서 기억하려고 하지도 않는다. 인터뷰는 답변의 요지를 파악하고 짧으면서 명확한 내용 전달이 생명이다.

소리도 중요한
편집 요소이다

편집 과정에서 모든 제작자는 시각적으로 우수한 화면을 좋아한다. 특정 지점을 편집하겠다는 것은 대부분 시각적 요소에 의해 결정된다. 카메라의 앵글, 구도, 조형미 등은 시각적 관점의 대표적인 편집 요소이다. 그런데 시각적인 우수성이 뛰어난 화면에 소리가 없다면 어떻겠는가? 우리는 이 의문을 간단하게 실험해볼 수 있다. 아름다운 풍경을 30초 동안 소리를 끄고 시청해 보라. 그러고 나서 같은 화면을 소리를 켜고 음향의 요소를 넣어서 시청해 보라. 장면의 분위기가 어떻게 바뀌는지 극명한 차이를 느낄 수 있다.

영상에서 소리는 시각적 요소보다 오히려 더 직접적이다. 그리고 적절한 시각적 요소와 결합한다면 관객은 즉각적으로 반응한다. 소리는 장면의 분위기를 결정하고 긴장감과 박진감과 같은 관객의 다양한 감정을 고조시킨다. 특히 소리가 시각적 요소에 적합한 음악, 효과음 등을 선택한 후 그것을 어디에 배치하느냐에 따라 장면의 분위기를 결정하는 중요한 편집 요소임을 잊어서는 안 된다.

또한, 카메라의 시각적 표현 과정에서 동시에 녹음되는 소리, 즉 현장음SOV, sound of video을 우습게 생각하지 말라. 당신이 편집에서 쇼트를 선택한다는 것은 현장음도 함께 선택한다는 의미이다. 만약 현장음을 소음이라고 생각하고 편집에서 다른 음향의 요소로 대체하거나 버린다면 영상의 현장성은 현격히 떨어진다. 당신이 영상 편집프로그램에 네 개의 오디오 트랙을 선택한다면 음악, 효과음, 내레이션, 그리고 하나의 트랙은 반드시 현장음이 포함되어야 한다. 현장음은 듣기 좋게 조정할 수는 있지만, 쉽게 버려서는 안 되는 소리이다.

ADVICE

컷이 튀면 현장음을 의심해야 한다

영화나 드라마의 대사를 제외하고 현장음은 시간과 장소에 따라 무작위로 녹음된다. 피사체를 표현하기 위해 크기, 각도, 구도 등을 프레임 안에서 계획하는 시각적 요소와는 분명한 차이가 있다.

다음의 장면을 살펴보자.

1. 주인공이 집에서 현관문을 나선다. 그 순간 카메라 프레임에서 아웃된다.

2. 다음의 컷에서 주인공이 시끄러운 도로를 걷고 있다.

이 두 컷을 연결하면 시각적으로는 연결이 부드럽지만, 현장음 때문에 컷이 튀어 보이는 현상이 발생할 수 있다. 현장음이 시각적 연결 과정까지 영향을 미치는 것이다. 이때는 컷팅 포인트의 오디오를 부드럽게 연결되도록 편집으로 조정하거나 정리해야 한다.

컷 편집에서 오디오 연결 방법

**오디오 페이드,
디졸브**
오디오 페이드는 컷팅 포인트를 기준으로 소리가 점점 줄어들거나 커지는 효과를 의미하고 오디오 디졸브는 선행 컷의 오디오 끝 지점과 후행 컷의 시작 지점이 겹쳐지는 효과이다. 오디오 페이드와 디졸브를 활용하면 컷의 연결을 부드럽게 할 수 있다.

**오디오의 배치,
J컷과 L컷**
당신의 편집이 분절된 형태로 딱딱한 느낌을 받는다면 화면의 구도, 연결된 컷의 조합, 주인공의 행위 등과 함께 사운드 컷을 점검해야 한다. 그중에서 J컷과 L컷 편집은 비디오 클립을 중심으로 오디오의 배치를 달리하는 것을 의미한다. J컷은 컷이 바뀌기 전에 다음 컷의 오디오가 먼저 나오는 것을 말한다. 반대로 L컷은 현재 컷의 오디오가 다음 컷의 오디오까지 확장하여 이어지는 것을 말한다.

컷의 연결성을 확보하는 방법은 다양하다. 그중에서 J컷과 L컷과 같은 오디오 중심의 컷 편집 방법은 관객이 이야기의 흐름을 자연스럽게 인식하고 관객에게 이질감을 주지 않는 효과적인 오디오 편집 방법이다.

피드백은 필수다.
그래도 원칙은 지켜라

영상을 세상에 내놓기 전에 검증의 과정은 필수적이다. 거기에는 수많은 피드백이 기다리고 있다. 그중에서 당신의 영상을 보고 "너무 재밌네요."라고 단정적으로 말하는 사람은 거의 없을 것이다. 설사 당신의 영상이 괜찮다고 느꼈더라도 "재미는 있는데 이렇게 하면 조금 더 좋아질 수 있다." 혹은 "다 괜찮은데 이 부분이 조금 이상하다."라는 형태로 꼬리표가 달려서 피드백을 받을 것이다. 그런데 당신이 듣는 모든 피드백에 신경을 곤두세울 필요는 없다. 평가자는 쉽게 당신의 영상에 완벽하다는 만족감을 드러내지 않는다. 좋은 부분보다는 안 좋은 부분을 지적하는 것이 평가자의 심리이다.

당신이 진정으로 귀를 기울여야 하는 피드백은 따로 있다. 그것은 모든 평가자가 같은 지점을 향할 때이다.

다음의 예를 살펴보자.

① 엄마와 아들이 말다툼을 한다.

② 아버지가 싸움을 말리지만 말다툼은 계속된다.

③ 말다툼하는 과정에서 아들이 밖으로 뛰쳐나가 버린다.

이 장면을 보고 평가자 A는 "엄마와 아들이 말다툼하는 장면이 너무 길어요.", 평가자 B는 "말다툼을 아버지가 빨리 정리했으면 좋겠어요.", 평가자 C는 "아들이 조금 더 빨리 뛰쳐나갔으면 좋겠어요."라고 한다면 세 명의 평가자가 공통으로 지적하는 것은 엄마와 아들의 말다툼하는 장면이 너무 길어서 상황이 빨리 정리되기를 원한다는 것이다. 이 피드백은 당신에게 필요한 합리적인 조언일 가능성이 크다.

당신의 영상에 대해 게이트키핑^{gate keeping}을 하는 사람은 항상 존재한다. 그 사람은 더욱 박한 피드백을 할 것이다. 그 조언을 잘 걸러내라. 그리고 합리적인 조언만 흡수해라. 피드백이 아무리 타당하더라도 당신의 생각보다 가치가 있지는 않다. 자칫 평가자가 하는 모든 말을 여과 없이 받아들이면 내 것이 아닌 평가자의 시각으로 만들어진 영상처럼 느껴질 수 있다. 모든 판단은 제작자인 당신만이 할 수 있다. 피드백도 조금 더 나은 영상을 만들기 위한 고민의 과정이라는 것을 잊지 말라.

06 좋은 영상 제작자가 되기 위하여

지금까지 영상 제작을 위해 당신이 해야 할 것과 하지 말아야 할 것을 살펴보았다. 무엇을 느꼈는가? 만약 당신이 이 책을 읽고 '영상은 결코 그냥 만들어지지 않는구나.'라고 느꼈다면 작은 변화가 시작된 것이다. 이러한 생각의 변화는 세상을 남다른 시각으로 바라보고 당신만의 이야기를 만들 수 있는 기회를 제공할 것이다.

이제 당신에게 필요한 것은 영상을 바라보는

훌륭한 습관과 자세를 가지는 것이다.

많은 영상을 탐닉하면
길이 보인다

　"여러분, 하루에 영상을 어느 정도 시청하시나요?" 영상 제작 교육 현장에서 교육생들과 첫 대면에 내가 던지는 질문이다. 대부분 1~2시간 내외이며, 심지어는 TV 프로그램이든 유튜브이든 영상을 아예 보지 않는 사람도 많다. 그런 사람들에게 나는 항상 이렇게 얘기한다. 영상을 제작하겠다면 영상을 보지 않는 당신의 자세부터 고쳐라.

　남들이 만들어 놓은 영상을 보는 것도 훌륭한 경험이다. 혹시 당신은 걷기도 전에 뛸 준비를 하고 있는가? 영상은 절대로 그냥 만들어지지 않는다. 아이디어를 발산하고 생각을 정리한 후 당신의 머릿속에 의도가 형성된다. 그리고 그 의도는 당신이 영상을 제작하는 이유이다. 아무런 의도 없는 영상은 당신이 제일 싫어하는 영혼 없는 대답과 같다. 많은 영상을 시청하면서 제작자의 의도가 무엇인지 파헤쳐보

라. 당신이 재미있다고 생각하는 영상에는 반드시 이유가 있다. 영상의 탐닉은 당신이 영상을 제작하는 데 있어서 해야 할 것과 하지 말아야 할 것을 구분할 수 있는 능력을 선사할 것이다. 이것이 바로 당신이 영상을 제작하는 출발점이다.

영상은 공동작업이다.
전문성을 살려라

　제작 현장에는 적게는 몇 명에서부터 많게는 수십 명까지 다양한 스태프가 각자의 전문성을 살려 일을 한다. 만약 방송 프로그램의 연출자라면 감독이라는 호칭으로 불러야 하는 사람만 해도 대략 5~6명은 된다. 촬영감독, 조명감독, 녹음감독, 편집감독, 자막감독 등은 각기 그 분야의 전문성을 갖추고 있는 사람들이다. 만약 당신이 연출자라면 제작 현장에서 주로 하는 일은 전문성을 갖춘 감독들이 제시하는 조건들을 선택하는 것이다. 예컨대 "카메라의 각도는 어느 쪽이 낫나요?", "조명 세팅은 어떻게 할까요?", "자막의 폰트는 어떤 것을 쓸까요?" 등등 수많은 질문 속에서 최선의 것을 선택하는 과정의 연속이다.

　이처럼 영상은 혼자 모든 것을 할 수 없다. 협업과 공동의 작업이다. 훌륭한 연출자가 되기 위해서는 당신 곁에 있는 전문성을 갖춘 감독과 원활하게 의사소통할 수 있는 열린 마음을 가져야 한다. 전문가의 손길을 믿고 맡겨라. 그 사람들은 정답을 제시하지는 않지만, 당신에게 최선의 것을 선택할 기회를 제공한다.

화려한 기능에
매몰되지 마라

우리는 축구 경기를 보면서 제대로 패스를 하지 않거나 시도 때도 없이 개인기로 욕심만 부리는 선수를 보면 화가 난다. 아무리 개인기가 훌륭해도 구성원과의 유기적인 흐름 속에서 골로 연결되는 것이다. 영상에서 화려한 기능에만 매몰되는 것은 축구로 말하면 팀 전술에는 관심이 없고 개인기만 연습하는 것과 같다. 물론 축구 선수라면 누구나 기본적인 개인기를 가지고 있듯이 촬영과 편집에 필요한 완벽한 기능을 구축하는 것은 강력한 무기를 가진 것이다. 능숙하게 카메라를 조작하고 차별화된 촬영 기법과 편집 툴의 기능을 발휘하는 것은 당신에게 희열을 가져다줄 수 있다.

그런데 중요한 것은 서사적 구조 안에서 기능을 발휘해야 한다는 것이다. 당신이 활용하는 기능은 이야기에 재미와 흥미를 유발해야 한다. 그래야만 기능을 발휘하는 의미가 있다. 나는 영상 제작은 체득體得의 과정이라고 단언한다. 몸으로 경험하고 익히는 것이 영상 제작을 잘하는 가장 빠른 방법이다. 다양한 현상을 촬영하고 그것을 서사적 구조 안에서 녹여내는 반복적인 훈련이 필요하다. 특히, 장면 속에서 관계성을 지닌 다양한 쇼트가 유기적인 흐름으로 서로 연결되어 관객에게 재미와 감동을 유발할 수 있는 체계적인 훈련이 무엇보다 중요하다.

당신이 특별한 기능을 활용하고 싶다면 '이곳에 필요한가?'라고 스스로에게 물어보라. 그리고 '이야기를 전개하는 데 방해가 되지 않을까?' 의심해 보라. 분명 당신의 영상에서 화려한 기술은 관객의 눈길을 사로잡는다. 그 대신에 당신의 이야기를 기억하지 못할 수도 있다는 것을 명심하라. 중요한 장면에서 카메라의 워킹이 조금은 투박하면 어떤가? 화려한 기술을 발휘하지 않더라도 당신이 전달하고 싶은 이야기가 뷰파인더 안에 표현되어 있으면 그걸로 충분하다.

당신의 장비를 갖추어라

영상에서 장비 없이는 아무것도 할 수 없다. 최근에 영상 장비와 관련한 질문을 많이 받는다. 그때마다 참 난감하다. 시장에 나와 있는 카메라만 해도 수백 가지는 될 것이다. 그것을 내가 어떻게 다 알겠는가? 그런데 선택 기준은 조언해 줄 수 있다. 영상 장비를 갖추기 전에 당신이 제작하는 영상의 성격을 먼저 살펴보라. 만일 간단히 일상을 담고 싶다면 당신이 가지고 있는 스마트폰만으로도 충분하다. 반대로 자연 다큐멘터리를 제작하고 싶다면 촬영 여건에 맞는 다양한 장비가 필요할 수 있다. 장비를 계획하고 준비하는 것도 영상 제작에서 중요한 업무 중의 하나이다.

이왕이면 당신의 장비를 갖추어라. 그런데 비싸고 좋은 장비를 갖추라는 의미는 절대 아니다. 오해 없기를 바란다. 당신의 장비가 있으면 활용도 면에서 편리하다. 위에서 강조했듯이 영상은 몸으로 경험하는 것이 최고의 훈련 방법이다. 카메라의 경우 많이 찍어볼수록 촬영 능력은 확연히 좋아진다. 당신의 여건에 맞는 적절한 카메라와 그것을 확인하고 편집해 볼 수 있는 컴퓨터 편집프로그램 정도만 갖추면 자유롭게 경험해 볼 수 있다. 당신 곁에 영상 장비가 있으면 그것을 활용할 기회도 그만큼 늘어난다.

의지와 열정으로 제작하라

당신이 영상을 제작하는 이유는 무엇인가? 단순히 시간이 남아서, 재미있을 거 같아서, 혹은 멋있어 보여서, 이러한 생각이라면 당신에게 영상은 취미가 더 어울린다. 세상의 모든 일이 그렇듯 취미와 일은 구분된다. 당신이 영상을 세상에 내놓는 것은 관객에게 재미와 감동을 주겠다는 일로 맺어진 일종의 거래이다. 여기서 어떤 매체이냐 혹은 시청률이나 조회 수는 중요하지 않다. 당신의 영상을 보는 사람이 있으면 거래는 성사된 것이다. 그때 당신에게 필요한 것은 이 거래를 제대로 이행하겠다는 의지와 열정이다.

이쯤에서 우리는 솔직해질 필요가 있다. 영상 제작은 실제로 해보면 생각만큼 쉽지 않다. 내가 지금까지 제작한 프로그램 중에 만족스럽지 않거나 훌륭하지 않은 것도 있다. 그러나 의지와 열정마저 없었다면 그보다도 못한 프로그램이 됐을 것이다. 이 책에서 지금까지 내가 강조했던 내용 대부분은 당신의 의지와 열정 없이는 불가능한 내용이다. 특히 이 책의 첫 장 '그냥 찍는 영상은 반드시 버려진다.'를 살펴보라. 당신의 의도가 없으면, 적합한 소재를 찾지 못하면 그리고 이야기의 구조를 갖추지 못하면 영상은 반드시 버려진다. 이것은 영상을 세상에 내놓기 전에 당신이 고려해야 하는 최소한의 요건들이다. 이것들을 갖추는 데 당신의 의지와 열정 없이 가능하겠는가?

에필로그

　이 책은 정답을 알려주는 교과서가 아니다. 영상에 정답이란 없다. 자기 생각이 곧 정답일 뿐이다. 특정 현상을 보고 사람에 따라 생각이 다르듯이 영상도 바라보는 시각에 따라 얼마든지 다양한 형태의 작품이 탄생할 수 있다. 그만큼 창의성과 다양성이 존중되어야 한다. 이 책은 내 경험을 위주로 집필하였다. 그러므로 내가 경험하지 못한 많은 것을 간과하고 있을지 모른다. 끝으로 이 책에 담지 않은 것들을 살펴보자.

　첫 번째, 이 책은 장르나 형식을 구분하지 않았다. 영상은 장르 혹은 형식에 따라 제작 과정과 방법 등이 천차만별이다. 이 책에서는 장르별 특징을 구분하지 않고 그보다는 영상을 만드는 근본적인 이유를 찾는 것에 집중했다. 그리고 제작자가 가져야 하는 생각과 행동의 변화에 중점을 두었다.

두 번째, 이 책은 TV 또는 영화와 같은 전통적인 미디어와 동영상 플랫폼의 제작 시스템을 구분하지 않았다. 그보다는 매체 환경의 변화에 따라 영상의 생산자와 소비자의 경계가 불분명한 상황에서 진정한 영상의 의미를 전달하는 것에 중점을 두었다.

세 번째, 이 책은 촬영과 편집의 기능적인 요소는 배제하였다. 훌륭한 영상은 여러 복합적인 요소들이 조화롭게 결합하여 탄생한다. 그중에서 영상 제작을 위한 기술적 완성도 또한 중요하다. 이 책은 영상의 기본 작동원리 속에서 제작자가 의도를 담아 어떻게 영상으로 이야기를 전달할 것인가에 중점을 두었다.

네 번째, 이 책은 나의 주장만 제시할 뿐이다. 영상 제작 현장에 몸담은 다양한 사람들의 생각은 담지 않았다. 만일 자신만의 노하우가 축적되어 있다면 그 기준으로 영상을 제작하는 것이 더 옳은 방향일 수 있다. 그것이 당신이 원하는 영상을 만드는 가장 훌륭한 방법이다.

영상 제작자라는 직업은 항상 새로운 것을 마주하는 묘한 매력이 있다. 새로움에 대한 약간의 긴장감이 삶의 활력소가 되기도 하지만, 그 과정이 매번 즐거운 것은 아니다. 항상 새로운 것을 맞이할 준비를 해야 하고 적응해야 하는 과정이 만만치는 않다. 영상 제작자도 장르나 일의 특성에 따라 다양한 형태로 존재한다. 일정한 포맷에 끼워 맞춰진 방송 프로그램도 정말 많다. 하지만 이야기의 틀 안에 억지로 끼워 맞추는 방식은 최소한 나에게는 어떠한 긴장감도 가져다주지 못한다. 정말 쉽게 지칠 게 뻔하다. 매번 이야기의 틀을 바꿔볼 수 있는 프로그램을 한다는 것이 얼마나 매력적인가? 이러한 매력이 한 편의 프로그램이 끝나고 정신적, 육체적으로 피폐해져도 다시 또 뭔가를 제작해 보고 싶은 욕구가 생기는 이유가 아닐까?

끝으로 지금도 어느 제작 현장에서 아무도 알아주지 않는 힘든 과정을 밟고 있지만, 좋은 영상을 만들겠다는 일념으로 고군분투하는 모든 영상 제작자에게 박수를 보내고 경의를 표한다.